Samantha Mooney arbeitet auf der Krebsstation des Animal Medical Center von New York. Sie lebt mit ihrer Katzenfamilie in New York City.

Deutsche Erstausgabe August 1997

Titel der Originalausgabe: »A Snowflake in My Hand«
 Published by arrangement with Dell Publishing a division of Bantam Doubleday Dell Publishing Group Inc., New York, New York, U.S.A.
Originalverlag: Delta, New York
Umschlaggestaltung: Agentur Zero, München
Umschlagfoto: Tony Stone/Desmond Burdon, Münchech
Satz: Ventura Publisher im Verlag
Druck und Bindung: Elsnerdruck, Berlin
Printed in Germany
ISBN 3-426-60537-6

5 4 3 2 1

Samantha Mooney

Die Katzenklinik

Aus dem Amerikanischen
von Christine Steffen-Reimann

Knaur

Mom und Dad gewidmet
– für die Erinnerungen
und für die Träume

ICH MÖCHTE Nick Lyons danken, der mich bei jedem Schritt lenkte und ermutigte. Von Anfang an ließ seine Unterstützung niemals nach.
Ich danke Eleanor Friede, Barbara Bowen und Jeanne Bernkopf für ihre besondere Fürsorge, Aufmerksamkeit und ihren Sachverstand …
Ich weite meine Dankbarkeit auf die Patienten in unserer Klinik und ihre Besitzer aus, die mir erlaubt haben, einige Momente in ihrem Leben mit ihnen zu teilen.

Meine Schritte gehen die leichte Steigung hinauf, die erste auf diesem Weg. Leise fällt der Schnee und dämpft den kreischenden Lärm New Yorks. Meine Gedanken wandern umher und folgen dem Hügel hinauf und gehen weiter nach Maine. Bewaldete, einsame Kammern aus Schweigen, das nur durch den knirschenden Schnee unter den Füßen gebrochen wird.

Dann sehe ich ihn, und er fordert alle meine Sinne und läßt mich, wie er das immer tut, der Wirklichkeit um ihn gewahr werden. Der schwarze Kater liegt auf der Fensterbank und putzt sein glänzendes Fell, als ob er den Kontrast zum Schnee unterstreichen wollte. Wie ein domestizierter Panther sitzt er in seinem Dschungel aus Hauspflanzen und teilt die Sonne mit ihnen. Doch dies ist sein Vorsprung, und er hat die Pflanzen gefährlich nahe an den Rand gedrängt, um es sich in seiner ganzen Länge gemütlich zu machen. Ich lächle, wenn ich an die Pflanzen denke, die vom Teppich gefegt und wieder eingetopft wurden, und frage mich, ob die neue Fensteranordnung seine ist.

Ich kenne seine Menschen nicht, doch während der Jahre, die ich durch seine Anwesenheit im Fenster durchschritten habe, habe ich eine Zuneigung zu denen entwickelt, die ihn lieben. Sie bleiben Fremde, diese Leute, die ihre muntere Katze füttern und um sie herumscharwenzeln, doch ich habe mir ihr braunes Sandsteinhaus ausgesucht, das sich in anderen Sandsteinhäusern spiegelt. Hier lebt der schwarze Kater.

1. Kapitel

Mein Wecker hatte nicht geklingelt, doch da ich den Morgenkaffee ausließ, gelang es mir, nur fünfzehn Minuten zu spät zu kommen. Während der Aufzug in den achten Stock des Animal Medical Center hinaufkroch, hoffte ich, daß Clancy vielleicht auch verschlafen hatte. Es war zwanzig nach sieben. Die Aufzugtür ging auf, und ich trat in den Flur, wo er bereits wartete.

»Ich weiß, daß ich zu spät bin, Clancy, aber das kommt nur selten vor.« Er sah wütend aus. »Wenn du einfach nur warten würdest, bis ich dich hole, brauchtest du nicht im Gang auf und ab zu wandern.«

Ich öffnete die Bürotür, und er wischte an mir vorbei, als ich hineinging. Sofort zog ich die Schublade heraus, da ich wußte, er würde keine Ruhe geben, bis er bekam, was er wollte. Clancy war kein heikler Esser und konzentrierte sich prompt auf sein Frühstück.

Er war ein siebenjähriger getigerter Kater mit einem breiten Kinn. Kurzbeinig und stämmig, wie er war, sah er aus wie ein Preisboxer, der sich aus dem Ring zurückgezogen hatte. Wenn ich pünktlich kam, fand ich ihn immer in seinem Käfig auf der Station, falls der Wachmann daran dachte, die Käfigtür fest zu verschließen. Die Tür mußte

leicht angehoben werden, damit das Schloß einrastete. Sobald ich den Käfig öffnete, miaute Clancy, umklammerte mich, krabbelte dann über meine Schulter hinweg und sprang auf den Boden. Bevor ich mit den morgendlichen Behandlungen begann, öffnete ich die Stationstür, so daß er ins Büro laufen konnte, wo sein Futter auf ihn wartete. Doch wenn ich fünf Minuten zu spät kam, holte er mich, wie auch heute, an der Aufzugstür ab und machte mir Vorwürfe. Ich erfuhr nie, wie er zur Stationstür hinauskam.
Dr. Hayes betrat das Büro. Audrey hatte ihre Zeit als Assistenzärztin am Animal Medical Center damit abgeschlossen, daß sie sich in Onkologie spezialisierte, mit einer Arbeit über Geschwüre oder Tumore. Sie gehörte nun zum Personal. Wir hatten zuerst samstags nachts in der Klinik zusammen Dienst. Wir arbeiteten gerne mit Katzen und waren unkonventionell, was unsere Einschränkungsmaßnahmen anging. Wir versuchten auf die Vorlieben der Katzen zu achten. Dr. Hayes tätschelte Clancys Kopf. Er funkelte sie an. »Weißt du, Samantha, Clancy nutzt dich aus. Er ist ein männlicher Chauvi, genauso wie T. C.« T. C. war eine ihrer sechs Katzen.
»Das mag richtig sein, Audrey, aber Clancy und ich haben ein Abkommen.« Clancy gähnte und ging fort, voller Zuversicht, daß ich ihn verteidigen würde.
»Er ist unhöflich, arrogant und undankbar.«
»Er ist hübsch und Ire.«
Ich hörte Gregs Stimme draußen vor der Tür. Dr. Mac Ewen war der Chef der Abteilung.
»Auf dem Parkplatz? Sie muß aus den Ställen gegenüber gekommen sein. Wird es ihr in dieser Kiste gutgehen? Wie steht's mit Futter?«

»Ich habe etwas Wasser und Brot hineingelegt«, antwortete die Helferin. »Ich habe nur Angst, sie unten in der Kiste zu lassen. Da kann sie jemand umrennen. Hier oben ist es ruhiger, wenn Sie nichts dagegen haben, und ich nehme sie heute nachmittag mit nach Hause.«
»Morgen, Audrey, Sam.« Greg trug eine Schuhschachtel mit winzigen Löchern obendrin in der Hand. »Eine der Helferinnen hat diese Maus gefunden, und ich habe ihr vorgeschlagen, sie bei uns heute morgen für sie aufzubewahren. Was macht Clancy draußen?« Wir drehten uns alle um und sahen auf Clancy, der nun, in eine Ecke gekuschelt, auf dem Tisch tief schlief. Ich meinte, sein Ohr zucken zu sehen, doch er rührte sich nicht.
»Er ist erschöpft, Greg.«
»Er macht nie etwas. Bring ihn zurück in seinen Käfig.«
»Aber er ist krank.«
»Er ist nicht krank. Es stimmt, er hat den Katzenleukämievirus, doch das stört ihn nicht im geringsten.«
»Aber er ist verlassen worden. Er glaubt, daß ihn keiner liebt.«
Greg wurde schwach, wie er es bei Clancy immer wurde. Er sah auf die Schuhschachtel und fragte: »Was ist mit ...«
»Clancy ist zu müde, um sie überhaupt zu bemerken. Du weißt doch, daß er nicht schlafen kann, wenn er im Käfig ist.«
»Armer Clancy«, erwiderte Greg lächelnd und verließ das Büro. Clancy streckte sich und veränderte seine Lage.
Ich hatte Clancy das erstemal ein paar Monate, nachdem ich in der Onkologie angefangen hatte, gesehen. Wir behandeln die meisten unserer Krebspatienten im achten Stock, doch ich arbeitete noch dienstags und samstags

nachts mit Greg und Audrey in der allgemeinen Klinik im zweiten Stock, wo es um medizinische und operative Fälle, Routineuntersuchungen, Impfungen und Notfälle ging.

Als ich an jenem Donnerstagabend die Untersuchungskabine betrat, saß Clancy auf dem Metalltisch. Normalerweise muß ich meine Katzen aus ihrem Korb locken, wenn sie zum Arzt kommen, weshalb mich seine Lässigkeit beeindruckte. Er blickte mich herausfordernd an und begann dann sich zu putzen. Als Greg hereinkam, lag Clancy auf der Seite und starrte nachdenklich ins Leere.

Clancys Besitzerin hatte drei Katzen. Bei den anderen beiden war der Test auf Katzenleukämie negativ ausgefallen. Da der Virus unter Katzen ansteckend ist, hatte Clancys Frauchen ihn zum Einschläfern hergebracht. Er war der Kater ihres Mannes, doch der konnte es nicht ertragen.

Leukämie ist eine abnorme Vermehrung von weißen Blutkörperchen im Blutkreislauf und Knochenmark. Bei Katzen wird sie meistens durch den Leukämievirus verursacht, doch nicht alle Katzen, die den Virus haben, bekommen auch Leukämie.

Der Virus, der sich in einem kleinen Prozentsatz aller Katzen finden läßt, kann durch Speichel, Urin, Blut und Milch von einer Katze an die andere weitergegeben werden. Mit anderen Worten, ein gemeinsames Katzenklo und gemeinsame Futternäpfe sind wahrscheinliche Virusüberträger, genauso wie Bißwunden oder eine Mutterkatze, die ihre Jungen säugt. Nicht alle Katzen, die dem Virus ausgesetzt sind, bekommen ihn oder werden dauerhaft angesteckt. Manche Tiere entwickeln Antikörper gegen den Virus innerhalb von drei Monaten, in denen sie mit einer positiven Katze zusammen sind, und werden deshalb immun gegen die Infektion.

Wir hatten eine wunderbare Langhaarkatze zu ihrem Besitzer nach Hause schicken können, nachdem diese den Leukämievirus von selber abgewehrt hatte. Solche Fälle bekamen wir nicht oft zu Gesicht, doch hin und wieder schon.

Wir wissen nicht, welche Katzen den Virus kriegen und welche immun werden, doch wir glauben, daß Kätzchen und ältere oder schwache Katzen empfänglicher sind, weil ihr Immunsystem entweder noch nicht voll entwickelt ist oder gestört wurde. Auf jeden Fall braucht man mehr als einen Test, um zu bestätigen, daß eine Katze den Virus hat.

Eine Katze, die sich nach dem Leukämietest als positiv erweist, kann ein gesundes Haustier mit glänzendem Fell, gutem Appetit und normaler Aktivität sein. Ich erinnere mich an eine runde bunte Katze mit Augen von der Farbe bunten Fensterglases, die wahrscheinlich sehr spät positiv wurde. Sie wurde einundzwanzig Jahre alt.

Ich war schon lange fasziniert von diesem Virus, der in manchen Katzen latent bleibt und bei anderen tödliche Krankheiten verursacht. Man nahm allgemein an, daß die positiven Katzen für Krankheiten empfänglicher seien, weil ihr Immunsystem, das Abwehrsystem des Körpers, durch den Leukämievirus unterdrückt wurde. Ich hatte Greg gefragt, ob wir bei Clancy eine neue Form der Therapie ausprobieren könnten, die wir getestet hatten – eine Therapie, bei der wir Clancys Immunsystem stimulierten, so daß er im Idealfall den Virus abwehrte oder zumindest den Krankheiten widerstand, die im allgemeinen mit dem

Virus einhergehen. Greg hatte zugestimmt, und wir hatten es Clancys Frauchen als Alternative zum Einschläfern vorgeschlagen.

Als ich Clancy vom Tisch hob, legte er beide Vorderpfoten neben meinen Hals. Während wir zum Aufzug gingen, der uns in den achten Stock bringen sollte, hörte ich Gregs Stimme: »Nur dieser eine, Sam. Und denk dran, binde dich nicht zu sehr.« Doch Clancy schnurrte.

Greg stellte ein paar Grundregeln für Clancy während seines Aufenthalts bei uns auf. Clancy mußte in einem Käfig bleiben. Er durfte nicht die Routine der Onkologiestation durcheinanderbringen. Ich appellierte an Gregs Sinn für Fairneß. Schließlich war Clancy ein Haustier und als solches nicht an lange Gefangenschaft gewöhnt. Greg gab Clancy den kleinen Finger, und Clancy dehnte ihn langsam und unausweichlich aus, bis der gesamte achte Stock ihm gehörte.

Clancy durfte zum Frühstück vor den Sprechstunden ins Büro. Duerrel, unser Wächter, putzte die Station normalerweise zwischen sieben und acht Uhr morgens, und dann konnte Clancy in einen sauberen Käfig zurückkehren. An einigen Morgen gab es schon früh Sprechstunden, und wenn sein Käfig fertig war, war ich bereits mit Patienten beschäftigt. Clancy tarnte sich schlau zwischen Pflanzen und Stapeln von Berichten. Er schlief tief und fest in der Sonne und raschelte nur ab und zu mit Papier oder warf eine Pflanze um, wenn er seine Lage veränderte.

Greg war samstags nicht da, und Clancy verbrachte den ganzen Tag im Büro. Er benahm sich so gut, daß er nach und nach auch an ein paar Wochentagen bei uns sein durfte. Um ihn dazu zu bringen, während der Sprechstunden in seiner Ecke zu bleiben, ließ ich eine Schüssel mit Wasser, Trockenfutter und Dosenfutter in seiner Reichweite. Doch allzuoft, wenn sich Greg das Röntgenbild eines Patienten betrachtete, störte Clancy, der ein lauter Esser war, seine Konzentration durch ein Knacken oder Schlürfen.

Trotzdem durfte Clancy im Laufe der Zeit fünf Tage ins Büro, obwohl Greg dieses Zugeständnis tatsächlich nie anerkannte.

An manchen Nachmittagen saß Clancy in Gregs Büro auf der anderen Seite des Flurs. Während Greg an seinem Schreibtisch arbeitete, schlief Clancy zusammengerollt auf dem Besucherstuhl. Doch sobald Greg den Raum für ein paar Minuten verließ, sprang Clancy hinab, streckte sich und nahm sodann Gregs Stuhl in Besitz, den er deutlich vorzog. Wenn Greg zurückkam, verscheuchte er Clancy immer von seinem neuen Platz, doch er warf ihn nie aus dem Büro hinaus. Und manchmal erwischte ich Greg dabei, wie er hinübergriff und den schlummernden Kater sanft streichelte.

Das Lied, das mir Clancy in der ersten Nacht, als er in mein Leben trat, zugeschnurrt hatte, wurde in den nächsten zwei Jahren ein wichtiger Bestandteil meines täglichen Lebens. Seine früheren Besitzer riefen nie an oder besuchten ihn. Ich nehme an, sie dachten, daß ein Kontakt mit ihm für sie zu schmerzhaft wäre. Er war nun meine Katze, und wir verbrachten die Tage damit, daß wir voneinander lernten. Diese Tage waren kostbar, Bonustage für Clancy und mich.

Eines lernte ich schnell: Man konnte ihm nicht trauen. Ich

hatte an jenem Morgen trotz des späten Beginns die Morgenbehandlungen rechtzeitig beendet. Greg kam zurück ins Büro und blickte Clancy an.

»Samantha, deine Katze heckt wieder was aus.«

Ich streckte die Hand aus, um den Faden oder irgend etwas anderes nicht Eßbares herauszuziehen, das er immer findet, als mein Blick auf die umgeworfene Schuhschachtel fiel. Meine Finger hatten bereits das schleimige Ding in seinem Maul gepackt, als ich erkannte, daß es der Schwanz und der hintere Teil von Gregs Maus war. »Clancy, das ist furchtbar.«

Doch Clancy war nicht meiner Meinung. Er wanderte kühn zu seinem sonnigen Platz, streckte seine stämmigen Beine aus und konzentrierte sich darauf, seine rechte Vorderpfote zu putzen.

2. Kapitel

In der Onkologie werden täglich Sprechstunden im achten Stock abgehalten. Ich bin mit einem Team aus drei Ärzten zusammen, das krebskranke Tiere behandelt. Als Forschungsmitglied in der Abteilung arbeite ich in der Sprechstunde, kümmere mich um unsere Krankenhauspatienten und nehme teil an speziellen Projekten oder Studien, die mit Katzen zu tun haben. Ich führe die Berichte für die Abteilung und arbeite daran mit, Daten zusammenzustellen und Publikationen zu verfassen und herauszugeben.

In der Sprechstunde war immer viel los, und ich lernte, indem ich den Ärzten zuhörte und bei ihren Untersuchungen zusah, welche Fragen sachdienlich waren. Manche Ärzte waren besonders geduldig beim Beantworten meiner Fragen, als ich mit meiner Arbeit anfing. Sie erklärten die Tests, die sie machten, die Diagnosen, die sie stellten, und die Behandlungen, die sie verschrieben. Die meisten unserer Tiere werden ambulant behandelt. Wir haben ungefähr hundertfünfundzwanzig Patienten pro Woche, und fünfundsiebzig Prozent sind Nachuntersuchungen oder vorher vereinbarte Termine für Behandlungen.

Der Schmuck des Wartezimmers beschränkt sich auf ein

paar Pflanzen. Der Raum selber hat einen neuen Anstrich dringend nötig, doch der muß warten, bis die Deckenplatten ersetzt worden sind, und die werden erst ersetzt werden, wenn die Klimaanlage und die Heizung repariert worden sind. Trotzdem, man hat einen schönen Blick auf die Fifty-ninth Street Bridge und den East River. Auf der anderen Seite können wir die Hubschrauber landen sehen. Wir haben drei Untersuchungskabinen, die zum Wartezimmer hinausgehen. Sie sind abgeteilt durch Trennwände, die fünfzehn Zentimeter über dem Boden beginnen und nur halb bis zur Decke reichen.

Jeder Tag fängt im Grunde gleich an, doch jeder Tag birgt auch das Versprechen auf ein paar neue Gesichter, hundert Möglichkeiten und vielleicht ein Wunder.

Monica Cosgrove saß mit Mykonos im Wartezimmer, als ich hineinkam.

»Was ist schwerer«, fragte ich, »Mykonos oder sein Patientenbericht?«

»Sein Bericht ist schwerer, als er es bei seinem ersten Besuch hier war, aber ich glaube, jetzt hat er ihn geschlagen!«

Mykonos war ein großer weißer Perserkater, der seit zwei Jahren regelmäßig zur Behandlung zu uns kam. Er war ursprünglich als möglicher Krebspatient zu uns geschickt worden. Monica hatte ihn zu mehreren Ärzten gebracht, als er Durchfall zu kriegen begann. Sie hatte verzweifelt Ärzte und Behandlungen gewechselt, als er weiter an Gewicht verlor. Hilflos hatte sie mit angesehen, wie er schwächer wurde, und sie hatte keine Unterstützung von ihren Freunden erhalten, die ihr rieten, die arme Katze einschläfern zu lassen. Sie konnte sein Leben nicht beenden, ohne sicher zu wissen, daß sie ihm nicht mehr zu helfen vermochte. Schließlich untersuchte ihn einer der Ärzte aus unserer allgemeinen Klinik im zweiten Stock und entdeckte verdickte Verschlingungen im Darm und einen vergrößerten Lymphknoten im Unterleib. Er führte einige Tests durch, die darauf hindeuteten, daß Mykonos vielleicht Krebs hatte, und überwies ihn in die Onkologie. Wir wiederholten die Tests und fanden heraus, daß Mykonos eine höhere Anzahl von weißen Blutkörperchen als normal in seinem peripheren Blut und Knochenmark hatte. Ein anormaler Prozentsatz dieser Blutzellen war eosinophil. Eosinophilien sind weiße Blutkörperchen, die als Reaktion auf Allergien, Parasiteneinnistung oder Stimulation von außen vermehrt erzeugt werden. Wir machten eine Biopsie von dem verdickten Teil in Mykonos' Darm und von dem vergrößerten Lymphknoten und entfernten dabei ein wenig Gewebe zur Untersuchung. Die Ergebnisse zeigten an, daß sein Darm entzündet war, doch wir wußten nicht, warum.

Mykonos hatte keinen Krebs. Er brauchte nur eine Behandlung, welche die abnorme Erzeugung von Eosinophilien stoppte, die seinen Zustand verschlimmerte. Wir behandelten ihn mit Chemotherapie, und innerhalb von fünf Monaten war sein Unterleib wieder normal, genauso wie seine Blutwerte.

Mykonos lag auf dem Tisch, während Audrey seine Untersuchung beendete.

»Kein Durchfall?« fragte sie.

»Gestern nacht ein bißchen«, antwortete Monica. Aufgrund ihrer Gewissenhaftigkeit wußten wir, daß wir versuchen konnten, die Zeitabstände zwischen den Behandlungen zu verlängern, ohne Mykonos' Gesundheit zu gefährden. Monica nahm winzige Veränderungen in seiner Stimmung wahr, und sie konnte erkennen, wenn er deprimiert war.

»Nun, dann werden wir ihn also behandeln. Ich glaube, wir werden es wieder mit fünf Wochen versuchen, wenn sein Blutwert sich als normal herausstellt.«

»Ja, das scheint im Moment der längstmögliche Zeitraum zu sein«, stimmte sie zu.

Wir entnahmen eine Blutprobe aus seinem Hinterbein. Der Bluttest würde uns zeigen, ob er einen erhöhten Anteil von Eosinophilien aufwies sowie zu viele weiße Blutkörperchen; wenn dem so wäre, würde er häufigere Behandlungen brauchen. Ich hielt sein Bein fest, um sicherzugehen, daß er nicht blutete, sobald die Nadel herausgezogen war. Er hatte weniger gegen den Vorgang des Blutabnehmens einzuwenden als gegen die schützenden Maßnahmen, die darauf folgten.

»Warte, warte, Sir«, forderte ich ihn auf, als er versuchte, sein Bein wegzuziehen. »Du kriegst ihn ja zurück, obwohl ich zugeben muß, daß mir dieser Fuß sehr gefällt.«

Als die Cosgroves fort waren, ging Greg zu Tabby Rodolitz in einer anderen Kabine. Sie war eine achtzehnjährige bunte Katze. Tabby hatte an ihrem linken Vorderbein ein immer wiederkehrendes Fibrosarkom. Ein Fibrosarkom ist ein bösartiges Geschwür, das sich zu faserigem verbindendem Gewebe entwickelt. Tabby war zweimal in zwei Monaten operiert worden, weil der Tumor wiedergekommen war. Der Tierarzt, der sie geschickt hatte, hatte das Gefühl, daß er das Geschwür jetzt nicht ganz herausschneiden könnte. Der Tumor wuchs um die Sehnen herum und breitete sich bereits bis zum Knochen aus. Wir hatten drei Monate lang Immuntherapieinjektionen probiert, doch das Geschwür wuchs weiter. Als ich ins Zimmer kam, untersuchte Greg gerade Tabbys Bein.

»Mrs. Rodolitz, ich glaube, unsere Möglichkeiten sind nun erschöpft. Die Immuntherapie scheint überhaupt nicht zu wirken, und das Geschwür ist zu groß für eine Operation.«

»Warum können wir das Bein nicht amputieren?« fragte Mrs. Rodolitz.

»Tabby ist achtzehn Jahre alt, und es ist fraglich, ob sie die Operation ertragen würde. Ich würde wirklich bei einer so alten Katze eine Amputation nicht empfehlen.«

»Aber sie ist doch sonst gesund, und sie benutzt das Bein ja gar nicht mehr, also würde sie es auch nicht vermissen. Ich kann sie nicht einschläfern lassen, Dr. MacEwen, nicht ohne ihr jede Chance gegeben zu haben.«

Ich streichelte Tabby, während sie redeten, und lächelte, als sie ihre Hinterbeine jedesmal, wenn ich sie tätschelte, hob. Sie schnurrte laut.

»Sie scheint in guter Form zu sein«, gab Dr. MacEwen zu. »Lassen Sie uns ein paar Bluttests und Röntgenuntersuchungen machen, und dann sehen wir weiter.«

Greg und ich gingen ins Büro, um die Röntgenanforderung für Tabby auszufüllen.

»Was würdest du tun, wenn es deine eigene Katze wäre?« fragte er.

»Bevor ich herkam, wäre ich nicht sicher gewesen«, antwortete ich. »Aber jetzt müßte ich ihr jede Chance geben.«

Mrs. Rodolitz war ungewöhnlich. Die meisten Besitzer unserer Patienten haben sofort eine Abneigung gegen den

Gedanken an Amputation, da sie glauben, daß das Ergebnis für ihre Tiere zu schmerzhaft sein wird. Da wir oft Katzen in Begriffen unserer eigenen Gefühle verstehen, ist es nur natürlich, daß der Gedanke an eine Amputation das Bild einer Behinderung und der Anpassung an einen veränderten Lebensstil heraufbeschwört. Doch Katzen sind anmutige und anpassungsfähige Tiere. Sie können auch mit drei Beinen normal funktionieren und immer noch zweibeinige Wesen überholen, wenn sie wollen. Auch wenn es stimmt, daß ein Patient einige Tage nach der Operation wund ist, so ist diese Unannehmlichkeit doch gering im Vergleich zu dem Leiden, das auftritt, wenn der Tumor noch da ist und weiterwächst. Außerdem benutzen die meisten Patienten das betreffende Bein in dem Augenblick nicht mehr, in dem wir an eine Operation denken. Der Besitzer wird nicht dabeisein, um mit uns den Moment dieses ersten riskanten Schritts zu erleben oder bei der ersten Mahlzeit nach der Operation. Beweglich, schmerzfrei und hungrig, wird die Katze bereit sein, nach Hause zu gehen. Der Besitzer wird das Vergnügen haben, die Katze zu Hause aufblühen zu sehen. Der Schmerz und die Unannehmlichkeit sind vorüber; die Katze paßt sich leicht an. Es sind keine emotionalen Krisen zu erwarten. Katzen machen sich keine Sorgen darüber, was andere Katzen denken werden. Sie sind bemerkenswerte Überlebenskünstler.

Eine Besitzerin erzählte mir, sie sei zurückgeschreckt, als ihre dreibeinige Katze das erstemal aus dem Tragekorb gesprungen war. Sie beschrieb, wie sie zusah, als der Kater das erstemal fiel, da er versuchte, auf die Küchentheke zu springen. Instinktiv berührte ich ihren Arm, um sie zurückzuhalten. »Ja«, meinte sie lächelnd, »er mußte es selbst herausfinden. Beim zweiten Versuch hat er es geschafft.«

»Wenn sie mir gehörte«, sagte ich wieder zu Greg, »ja, dann würde ich es riskieren.«

Tabbys Röntgenbilder und Bluttests bestätigten ihre Gesundheit, und ihre Operation wurde für den nächsten Tag angesetzt. Unser Chirurg, Jay Harvey, plante, sie früh am Morgen zu operieren. Sie konnte sich von der Anästhesie und von dem Eingriff selbst den Rest des Tages erholen und, so hofften wir, am nächsten Tag nach Hause gehen. Ich brachte sie auf die Station und fand einen sonnigen Käfig für sie.

Ich hielt Jay für einen der besten Chirurgen im Center. Er war hier ausgebildet worden und zog dann nach Kalifornien, um ein Jahr lang als Assistenzarzt zu arbeiten. Als er zurückkam, interessierte er sich für eine Spezialisierung in Krebschirurgie. Es war für die Onkologie wichtig, mit einem Chirurgen zusammenzuarbeiten, dem die besonderen Probleme bewußt waren, die viele unserer Fälle mit sich brachten. Die meisten unserer Patienten waren ältere Hunde und Katzen. Einige wurden auch noch wegen anderer Störungen behandelt, zum Beispiel Diabetes oder Herzkrankheiten, und deshalb als großes chirurgisches Risiko angesehen. Manche der Operationen konnten vielleicht eine Mißbildung verursachen, vor allem, wenn es sich um Tumore im Gesicht und im Maul handelte. Jay hatte bei seiner Herangehensweise an Operationen ein bemerkenswertes Gleichgewicht erreicht. Er nahm einen umfassenden Eingriff vor und dachte dabei immer daran, daß sein Patient ein Haustier war, dessen postoperatives Leben so normal wie möglich sein mußte. Er operierte, um

Schmerz und Unannehmlichkeiten zu lindern, selbst wenn er nicht zu heilen in der Lage war. Wenn er von einer Operation abriet, dann, weil er glaubte, daß er dem Tier nicht helfen konnte, und es keinem unnötigen Eingriff unterziehen wollte. Er war schnell und gründlich. Mehr noch jedoch hatte er ständig den Patienten unter dem OP-Laken vor Augen. Sein Verantwortungsbewußtsein endete nicht mit der Operation, und oft begegneten wir uns im Aufwachraum, in dem wir beide nach einem Patienten sahen. So trafen wir uns an Tabbys Käfig wieder, als sie sich von der Narkose erholte. Jay hatte sie unter einen Heizstrahler gelegt, da sie nach der Operation fror.

»Ich glaube, ich lasse sie über Nacht auf der Intensivstation, damit sie beobachtet werden kann«, sagte er.

»Sie wacht schon auf«, bemerkte ich, als sie begann, ihre Hinterbeine zu bewegen und leise zu stöhnen.

»Weißt du, wir haben sie noch mal geröntgt.« Er lächelte. »Wir konnten nicht glauben, daß die Brustbilder die einer achtzehnjährigen Katze waren. Wir dachten, daß vielleicht in der Radiologie die Patienten verwechselt worden waren.«

Drei Stunden nach der Operation erholte sich Tabby auf der Intensivstation. Alle machten viel Aufhebens um sie, und in der Menge sah ich, wie sie Babynahrung fraß. Am nächsten Tag durfte sie nach Hause.

Mrs. Rodolitz wartete im zweiten Stock, als ich Tabby in ihrem Tragekorb herausbrachte. Sie öffnete ihn, und Tabby flötete sie an.

»Sie ist erleichtert, weil dieses schreckliche Geschwür weg ist, glaube ich«, meinte sie. Mrs. Rodolitz schien das abrasierte Fell und die Naht nicht einmal zu sehen, die die

Hautschichten verschloß, wo Tabbys Bein gewesen war. Sie war so glücklich, daß Tabby lebte und es ihr gutging, daß sie nicht einmal fragte, wann das Fell nachwachsen würde.

Tabby kletterte weiter auf Bäume und beherrschte noch zwei Jahre lang ihren Haushalt. Wir sahen sie bei regelmäßigen Nachuntersuchungen und Impfungen. Tabbys zusätzliche Jahre waren fröhlich und abenteuerlich, und wir waren alle stolz darauf, zu ihrem zwanzigjährigen Leben beigetragen zu haben. Jedesmal, wenn Greg eine Amputation bei einer Katze empfahl, dachte er an Tabby.

3. Kapitel

Gegen Ende einer geschäftigen Morgensprechstunde setzte sich Clancy auf und gähnte. In letzter Zeit hatte ich bemerkt, daß während wir arbeiteten, Clancy, der mehr Selbstvertrauen gewonnen hatte, seinerseits an Greg arbeitete. Wenn das Wartezimmer voll war und die Leute draußen auf dem Gang standen, wurde Greg oft angespannt. Die Veränderung konnte man an seinem Gesicht erkennen: kein Lächeln, keine beiläufigen Kommentare. Clancy schien diese Veränderung noch vor mir zu spüren. Er streckte seinen schläfrigen Tigerkörper, hüpfte den Tisch hinunter zu der Stelle, wo Greg gerade einen Bericht schrieb, marschierte absichtlich über diesen und setzte sich dann auf die andere Seite; sein Schwanz lag immer noch über dem Bericht. Greg schob den Schwanz beiseite. Clancy veränderte seine Position. Greg legte den Stift weg und überlegte, ob er Clancy auf den Boden werfen sollte. Clancy fegte den Stift mit seinem Schwanz vom Tisch und sprang zum Fenster zurück. Die Spannung war gebrochen, und Greg lächelte fast immer. Wenn Clancy sich irrte, endete er wieder in seinem Käfig, aber ich nehme an, er hatte das Gefühl, daß es den Versuch wert sei.

Ich war an jenem Nachmittag auf der Station, als Greg hereinkam. Wir haben hier achtundzwanzig mittelgroße rostfreie Stahlkäfige, zwölf kleinere Käfige und einen großen Auslauf. Eine Reihe der vierzehn Käfige und der Auslauf liegen in Richtung Fluß. Am Morgen kommt die Sonne auf einer Seite der Station an jeden Käfig, und ich versuche immer, Tiere auf diese Seite zu legen.

»Sam, ich brauche einen Käfig für eine Katze, die ich gestern abend untersucht habe«, sagte Greg. Manche Ärzte arbeiteten an ihren freien Abenden in Privatpraxen. »Der Kater wird eine Zeitlang bei uns bleiben. Er hat einen blutigen Pleuraerguß und gerät leicht unter Streß«, erklärte er. Ein Pleuraerguß ist die Ansammlung von Flüssigkeit im Brustfellraum. Der Druck von dieser Flüssigkeit kann die Lunge zusammendrücken und beim Tier Atmungsprobleme verursachen.

»Warum wollen seine Besitzer ihn nicht behalten?« fragte ich, denn sie beabsichtigten, uns die Katze zu schenken.

»Sie haben schon über dreißig Hunde und Katzen und können sich ein Diagnostizieren wirklich nicht leisten, vor allem, wenn es nicht sehr vielversprechend aussieht. Er hat an Gewicht verloren und frißt im Augenblick nicht mal. Sie wollten ihm eine Chance geben, sind aber nicht in der Lage, ihn zu behalten.«

Es war nichts Ungewöhnliches, daß die Besitzer unserer Patienten mehr Hunde und Katzen hatten, als sie sich ursprünglich als Grenze gesetzt hatten. Die Menschen, denen genug am Wohlbefinden ihrer Tiere liegt, können oft nicht einfach ein streunendes oder verletztes Tier ignorieren. Das Wohnen in Wohnungen schränkt jedoch im allgemeinen die Zahl ein. Im Falle unseres neuen Patienten reichten Unterkunft und Verpflegung nicht aus. Außerdem war seine Krankheit möglicherweise anstekkend und konnte die anderen Katzen gefährden. Eine große Anzahl von Tieren auf engem Raum ist eine ungesunde, stressige Situation für die Tiere und für die, die ihnen helfen wollen.

Siggie kam in einem Tierbehälter aus Pappe, auf dem stand: »Ich gehe heim«. Greg öffnete den Behälter, und ich sah die Tigerstreifen. »Oh, er ist so ...« an diesem Punkt schaute der Kater zu mir auf »... lang«, beendete ich den Satz. Vielleicht wirkte er so übertrieben lang, weil er so dünn war. Seine römische Nase verstärkte den Eindruck noch. Er zitterte und sah beunruhigt und für seine drei Jahre sehr angespannt aus. Als ich ihn in seinen Käfig legte, schien er in der Wand zu verschwinden.

Greg befürchtete, daß Siggie ein Geschwür in der Brust hatte, das gegen die Speiseröhre drückte und Würgen und Erbrechen verursachte. Siggies Geschichte, Alter und Symptome wiesen auf ein Lymphosarkom hin, einen bösartigen Tumor, der die Lymphdrüsen betraf. Wir gaben die Blutproben und die Flüssigkeit, die wir seiner Brust entnommen hatten, zur Untersuchung. Die Röntgenbilder bestätigten das Vorhandensein eines Geschwüres oberhalb des Herzens. Dann warteten wir auf die Ergebnisse.

Die Tests zeigten, daß Siggie keine Katzenleukämie oder ein Lymphosarkom hatte. Wir wußten immer noch nicht, woran er erkrankt war. Er verlor weiter an Gewicht und saß zitternd in seinem Käfig. Wenn er fraß, erbrach er es wieder. Ich kam herein, als Greg und Audrey Siggies Bericht eine Woche nach seiner Ankunft überprüften.

»Greg, ich glaube, wir sollten an eine Operation denken,

bevor er zu schwach wird. Wir können ihn ohne Diagnose nicht behandeln, und er kann nicht länger ohne Behandlung leben.«

»Ja, du hast recht, Audrey, aber wir müssen an diesem Punkt auch an die Kosten denken. Eine Thorakotomie ist ein schwerer Eingriff, und wir können nicht sicher sein, daß seine Krankheit selbst mit einer Diagnose zu behandeln ist.«

Durch eine sondierende Thorakotomie würde Siggies Brust geöffnet werden, um festzustellen, was seine Probleme hervorrief. Wenn die Chirurgen das Gefühl hatten, daß sie das Geschwür entfernen konnten, von dem wir hofften, es sei die Thymusdrüse, dann würde der Eingriff eine Thymektomie werden. Wenn das Geschwür diffuser war und Lymphknoten betraf oder selber zu ausgedehnt war, um es zu entfernen, dann würden sie eine Biopsie davon machen, rausnehmen, soviel sie konnten, ihn wieder zumachen und auf die Ergebnisse der Pathologen warten.

»Wer wird das bezahlen?« fuhr Greg fort. »Die Abteilung ist bis jetzt für die Rechnung aufgekommen, aber wir müssen realistisch sein. Die Katze gehört niemandem. Wir könnten unsere Diagnose auch erst post mortem erhalten.«

Doch sieben Tage lang hatte ich den zitternden und erbarmungswürdigen Siggie gefüttert und ihn gepflegt. Er war mir ans Herz gewachsen, und er reagierte auf meine Aufmerksamkeit. Ich hielt das gestreifte Bündel im Arm und drehte mich zu ihnen um.

»Hört zu«, begann ich, »ich habe da diese Katze, die eine Thorakotomie braucht.«

Sie lächelten und sahen erleichtert aus.

»Jay soll es morgen machen.«

Jay war am nächsten Tag eigentlich für andere Operationen vorgesehen, doch er sprach mit Dr. Steve Withrow, einem Chirurgieassistenzarzt im zweiten Jahr. Steve interessierte sich für Onkologiefälle und arbeitete eng mit der Abteilung zusammen. Es war ein Eingriff für zwei Mann, und er und Jay planten ihren Tag so, daß sie Siggie und seinen neuen Besitzer einschieben konnten.

Ich bat Jay darum, dabei helfen zu dürfen, Siggie zu betäuben, da er ein so nervöser Patient war. Der Operationssaal war neu für ihn, und ich dachte, er könnte sich sicherer fühlen, wenn er wußte, daß ich da war. Jay fragte, ob ich auch bei dem Eingriff bleiben wollte, und ich sagte ja. Ich war nervös und still, während ich dasaß und den Apparat beobachtete, der Siggies Herzschlag aufnahm. Schließlich hörte ich Steves Stimme. »Es sieht gut aus, Sam. Ich denke, ich kann das Ding rausholen.« Ich wußte, er lächelte unter seiner Chirurgenmaske. Sie entfernten das Geschwür aus Siggies Brust und gaben es zur Untersuchung in die Histologie. Siggie kam auf die Intensivstation, und während er sich von der Narkose erholte, fuhr ich nach Hause.

Da ich so nah beim Krankenhaus wohne, schau ich oft abends noch mal vorbei und sehe nach Patienten. Ich liebe es, das tun zu können. Doch wenn ich zu Hause bin, gibt mir das Zeit und Raum weg von der Arbeit. Zeit, über Dinge nachzudenken, mein Leben mit anderen Interessen ins Gleichgewicht zu bekommen, die Erfahrungskanäle zu erweitern, die im Krankenhaus so oft mit dem Tod enden. Hier, zu Hause, lebe ich vielfältig. Ich bin Arbeiterin, Studentin, Tochter, Freundin. Ich bin der unabhängige Kopf eines Haushalts. Mein Zuhause schenkt mir die kostbare Zeit, um mich zu erinnern, zu fühlen und zu träumen. Zu Hause ist die Welt, die ich mit meinen eigenen vier Katzen teile. Jeden Tag kehre ich zu Natascha, Daphne, Frederick und Sam zurück. Sie entzücken mich mit ihren Spielen, entdecken alte Spielsachen und neue Tricks. Sie putzen sich gegenseitig oder recken sich zwischen ihren Schläfchen und beruhigen mich so durch ihr Wohlbefinden. Sie trösten und stärken mich mit ihrer Liebe.

Zu Hause leben sie, und mein Zuhause ist manchmal meine Höhle und manchmal meine Burg. Und bald würde Siggie Teil dieses Zufluchtsortes werden.

Als ich an diesem Abend zurückkam, hatte Jay ihn bereits besucht und probiert, ihn zu füttern. Siggie wartete jedoch, und als ich kam, fraß er etwas Babynahrung und schnurrte mir zu Gefallen. Das entfernte Geschwür war ein Thymom, ein gutartiges Geschwür, das die Thymusdrüse befällt und äußerst selten bei Katzen vorkommt.

Nachdem ich Siggie nach Hause gebracht hatte, nahm ich ein paar Tage frei, um bei ihm zu sein. Er zitterte nicht mehr und fraß gierig. Mit meinen anderen Katzen kam er gut zurecht, doch er hatte ja auch schließlich in seinem früheren Heim viel Übung gehabt. Siggie ist heute ein sechzehn Pfund schwerer Tigerkater mit glänzendem Fell und einer sehr langen Nase. Er ist elf Jahre alt.

Natascha, Daphne, Frederick und ich zogen ein Jahr, nachdem ich angefangen hatte, im Center zu arbeiten, in unser gegenwärtiges Heim. Der Vormieter überließ mir Sam, seinen Kater, damit ich mich eine Weile um ihn kümmerte, während er sich in Kalifornien niederließ. Aber er ließ sich nie richtig nieder, und so wurde Sam ein ständiges Mitglied des Haushalts. Die zwei Weibchen und er beachteten einander nicht, doch Sam und Frederick kämpften sofort um die männliche Vorherrschaft. Sie sind gleich groß und wiegen jeder fünfzehn Pfund. Frederick ist grau und schwarz getigert mit einem gefleckten Bauch, und Sam sieht aus wie ein tapsiger Eisbär, ganz weiß mit ein paar Silberstreifen auf der Stirn. Nach all den Jahren haben sie sich immer noch nicht richtig arrangiert und lassen in regelmäßigen Abständen ihre Gegnerschaft wiederaufleben. Fredericks Krallen waren ihm von seinem früheren Besitzer entfernt worden; meine anderen Katzen haben ihre noch. Manche der schwierigsten Katzen, mit denen wir es im Krankenhaus zu tun haben, haben keine Krallen mehr. Ihr aggressives Verhalten soll wahrscheinlich nur die Tatsache verschleiern, daß sie sich hilflos fühlen. Ich glaube, deshalb benimmt sich Frederick Sam gegenüber so.

Als Siggie nach Hause kam, erkannten er und Frederick einander als Brüder des getigerten Clans. Vielleicht war Siggie wegen seiner kleinen Statur keine Bedrohung für Sam. Tatsächlich diente Sam als Puffer. Nachts schlief Natascha neben meinem rechten Fuß, Daphne neben meinem Hals, Frederick und Sam an meinem linken Fuß und Siggie eingequetscht zwischen ihnen.

An meinem zweiten Tag zu Hause ging ich ins Center hinüber, um Clancy zu besuchen. Es war das erstemal, daß ich länger als ein Wochenende von ihm weg gewesen war, und ich vermißte ihn. Ich wußte auch, daß Greg ihn nicht hinauslassen würde, wenn ich nicht da war. Greg überprüfte die Sicherheit, um jeden Fluchtversuch zu verhindern.

Clancy miaute, als er mich sah, blieb jedoch hinten in

seinem Käfig. Sogar als ich die Tür öffnete, blieb er still liegen. Er hatte nicht gefressen. Ich sah auf seinen Bericht und entdeckte, daß er Fieber hatte. Greg hatte sein unnormales Verhalten notiert. Clancy saß in einer Ecke seines Käfigs, den Rücken zur Tür, und miaute. Ich brachte ihn ins Büro, und er wirkte zufrieden, bei mir zu sitzen, während ich mit ihm sprach. Ich fütterte ihn, und er fraß.

Am nächsten Tag waren seine Temperatur und sein Appetit wieder normal. Er beachtete mich nicht. Wenn er krank war, dann hatte er sich schnell erholt; wenn er die Unterbrechung seiner täglichen Routine nicht mochte, so war diese nun wieder im Lot. Ich erfuhr, daß ich ein integraler Bestandteil war, was die Beschaffenheit seiner Tage anging.

Qualität wurde ein bedeutungsvolles Wort in meinen Erfahrungen im Center. Es war das Wort, das am besten erklärte, warum ich in der Abteilung für Krebstherapie arbeitete. Qualität war der Faktor, der das Gleichgewicht gegen den Tod entscheidend bestimmte. Die Krebstherapie war nicht nur ein Mittel, um den Tod hinauszuzögern, sie war das Bemühen, Lebensqualität zu sichern. Zehn Minuten Therapie in der Woche konnten eine Katze befähigen, normal zu atmen, ohne Erbrechen zu fressen und beim Gehen Hinterbeine zu benutzen, die gelähmt gewesen waren.

Qualität bedeutete, einen Tag mit der Krankheit der Katze umzugehen und sich an den verbleibenden sechs auf die Katze selbst zu konzentrieren. Sie bedeutete das Lächeln auf dem Gesicht eines Besitzers, wenn die Röntgenbilder kein weiteres Ausbreiten der Krankheit aufwiesen. Sie bedeutete das Ausweiten der Abstände zwischen den Behandlungen und in manchen Fällen das völlige Einstellen der Behandlung.

Meine Familie und meine Freunde verwirrt mein Engagement für die Arbeit manchmal. Sie akzeptieren die Tatsache, daß ich an das glaube, wofür die Abteilung arbeitet, aber ich denke nicht, daß sie wirklich den Grund verstehen. Ich versuchte ihnen von Tabbys Operation zu erzählen, doch die meisten hörten nicht mehr zu, als ich erwähnte, daß sie achtzehn war. Sie hielten sie für zu alt für so einen Eingriff. Als ich über Siggie sprach, bevor wir wußten, wie sein Schicksal aussehen würde, waren die meisten meiner Freunde bekümmert darüber, daß eine kranke Katze einer Operation ausgesetzt werden mußte. Er war zu jung, um so eine Prüfung zu bestehen.

Vielleicht soll ihre Reaktion eine Warnung vor meinem offensichtlichen großen Engagement sein. Ich versuche ihnen von der Hingabe unserer Besitzer zu erzählen. Die Besitzer engagieren sich sogar noch mehr, was die Sorge für ihre Tiere angeht. Sie richten ihren Zeitplan nach den Behandlungen, verabreichen zu Hause Medikamente, bemerken Veränderungen im Verhalten und lieben ihre Tiere. Die Besitzer vertrauen die medizinische Betreuung ihrer Tiere uns an. Wie sollte ich mich nicht engagieren, wenn ein Besitzer bereit ist, diese Verpflichtung einzugehen?

Krebs ist, anders als Politik und Religion, kein Thema für Diskussionen. Keiner ist dafür. Doch Krebs ist kein anderes Wort für Tod. Und er ist auch keine einzelne Krankheit, für die es keine Heilung gibt. Statt dessen nimmt er viele Formen an, und jede Form spricht auf Behandlung anders an. Es gibt Geschichten über Fehlschläge und über die schmerzlichen Entscheidungen, die die Liebe verlangt. Doch es gibt auch Geschichten von Katzen mit Krebs, die an Gewicht zunehmen, die spielen und sich putzen, Pflanzen fressen und am Wochenende aufs Land fahren, solange sie glücklich sind.

In vielen Fällen geben wir den Besitzern eine durchschnittliche Lebensdauer an, was nur ein Schätzwert ist, um ihnen zu helfen, die Prognose zu verstehen. Doch was mich erregt und ermutigt, ist die Katze, die in Remission geht und zunimmt, die niemals ungünstige Reaktionen auf Medikamente zeigt und ohne Pause an unserer durchschnittlichen Überlebensdauer vorbeisegelt.

Unsere Patienten weisen eine bemerkenswerte Würde auf. Wir können nicht allen dazu verhelfen, lange zu leben, aber wir können vielen helfen, ein gutes Leben zu führen. Jeder verdient den Sachverstand unserer Abteilung und, mehr noch, individuelle Aufmerksamkeit und Sorge. Ich arbeite mit Krebspatienten, weil sie jemanden verdienen, der bei ihnen sein will. Ich will, daß sie sich so sicher, so bequem und so geachtet fühlen, wie sie das in einem Krankenhaus können.

Qualität heißt nicht Dauer oder Erdulden. Sie ist ein zeitloser, flüchtiger Wert. Es ist ein Wort, das nicht so sehr Leben definiert als vielmehr ein Ziel ist, nach dem wir streben, um es für jeden Patienten zu einem Synonym für Leben zu machen.

4. Kapitel

Als im Dezember der erste Schnee fiel, öffnete ich das Fenster, um für meine Katzen eine Handvoll Natur hereinzulassen. Daphne, eine klassische boshafte Katze, versuchte durch das offene Fenster nach draußen zu gelangen. Sobald ihre Vorderpfoten die kalte, nasse Feuertreppe berührten, überlegte sie es sich jedoch anders.

Seit Natascha vor Jahren verschwand, bin ich vorsichtig, was Fenster ohne Gitter angeht. Ein Freund wohnte in meiner alten Wohnung, während ich übers Wochenende weg war, und er versprach mir, sich um Daphne und Natascha zu kümmern. Als ich zurückkehrte, war er gerade weg. Daphne kam mir an der Tür entgegen, lief an mir vorbei in den Flur und ins Treppenhaus. Ich rief nach ihr, und sie stolzierte, zufrieden mit sich selbst, in die Wohnung. Ich suchte Natascha, denn ich war überrascht, daß sie nicht an der Tür gewesen war. Als ich das offene Fenster neben der Feuertreppe sah, wartete ich nicht darauf, daß mein Freund zurückkehrte. Mein Nachbar war nicht da, doch ich dachte, daß Tascha höchstwahrscheinlich über die Feuertreppe zu seinem offenen Fenster hineinspaziert war. Ich rief ihren Namen durch die geschlossene Tür, aber ich hörte nichts. Dann stieg ich die Treppe hinauf, da ich mich erinnerte, daß Daphne jedesmal, wenn sie hinauslief, zu der Treppe nach oben rannte. Ich klopfte an Türen, doch die meisten Leute waren bei der Arbeit. Diejenigen, die zu Hause waren, hatten sie nicht gesehen. Die Tür zum Dach war offen, und ich ging hinaus.

Der Teer war weich unter meinen Füßen und von der Sonne heiß. Auf dem Dach des Gebäudes neben meinem hängte eine Frau ihre Wäsche zum Trocknen auf.

»Wonach suchen Sie, meine Liebe?« fragte sie, als sie beobachtete, wie ich mich nach allen Seiten umblickte und nach Natascha rief.

»Nach meiner Katze«, antwortete ich. »Meine Katze ist weg.«

Ich hatte Angst und war den Tränen nahe.

»Wie sieht sie denn aus?« fragte sie. »Ist sie weiß und orange und ...«

»Und schwarz«, vervollständigte ich ihre Beschreibung meiner bunten Katze. »Wo ist sie?«

»Ich habe sie im Gang meines Gebäudes gefunden«, erklärte sie. »Ich konnte sie nicht hochheben. Aber als ich meine Tür öffnete, kam sie herein.«

Ich war so erleichtert, daß ich sie wieder unterbrach. »Bringen Sie sie mir her?«

»Nun, sie ist nicht mehr da. Heute morgen hat mein Mann die Tür aufgemacht, und da ist sie rausgerannt. Er hat sie die Treppe zum Dach hinauflaufen sehen.«

Ich kehrte in mein Gebäude zurück. Mein Wochenendgast war inzwischen wieder da. Er hatte mit dem Nachbarn gesprochen, der meine ursprüngliche Annahme bestätigte. Natascha war durch das offene Fenster in seine Wohnung gekommen. Er machte einfach die Vordertür auf und ließ sie ins Treppenhaus hinaus.

Ich suchte vor dem Gebäude und schaute auch widerstrebend in den Hinterhof, sollte sie vom Dach gefallen sein. Erleichtert darüber, sie dort nicht zu finden, kehrte ich in meine Wohnung zurück und wartete darauf, daß die Nachbarn wiederkamen.

Ich war wütend auf meinen Freund. Ich ließ meine Fenster nie weit offen und schloß sie immer, wenn ich aus der Wohnung ging. Bevor ich im Center arbeitete, schloß ich die Fenster vor allem als Vorsichtsmaßnahme. Meine Wohnung lag nach hinten raus und war von der Feuerleiter aus zu erreichen. Als ich im Center arbeitete, entdeckte ich noch einen wichtigen Grund, vorsichtig zu sein.

Wir nennen sie Hochsteigkatzen. Das sind Katzen, die von Fenstersimsen oder Feuerleitern fallen, während ihre Besitzer annehmen, daß Katzen, die ja so anmutige Wesen sind, ihr Gleichgewicht nicht verlieren können. Ein Vogel, ein lautes Geräusch, eine plötzliche Bewegung kann sie erschrecken, und in diesem Moment der Ablenkung fallen sie. Manche erholen sich, je nachdem, wie tief sie gestürzt, wie sie gelandet sind und was ihren Fall aufgehalten hat. Viele jedoch sterben.

Ich erklärte dies meinem schuldbewußtem Freund, als er im Treppenhaus einen Aufruhr hörte. Eine nette alte Italienerin, die kein Englisch sprach, wohnte schräg gegenüber von mir. Ihre Tür stand offen, und sie war im Treppenhaus und versuchte Hilfe zu holen. Wir liefen hin, und sie zog mich in ihre Wohnung zu einem großen geschnitzten Holzschrank. Ich hörte Natascha miauen. Sobald sie meine Stimme vernahm, kam sie heraus.

Ich weiß nicht, was meine Italienerin erwartet hatte zu finden, doch sie lächelte, als sie Natascha erblickte. Ich kann mir vorstellen, daß sie gehört hatte, wie sich mein verschrecktes Kätzchen bewegte, oder vielleicht hatte sie eine Bewegung gesehen, ohne zu erkennen, wie häuslich veranlagt ihr Eindringling war. Wir kehrten alle in unsere Wohnungen zurück, und mein Freund fand anderswo eine Unterkunft.

Daphne mochte keine Standpauken und konzentrierte sich darauf, sich den dreckigen Schnee von ihren makellosen Pfoten zu waschen.

Am Weihnachtsabend trafen wir uns nach der Sprechstunde im Büro, um Glückwünsche auszutauschen und etwas zu trinken. Monica Cosgrove hatte sechs Flaschen französischen Champagner geschickt, wie jedes Jahr, seit Mykonos unser Patient geworden war. Auf der Karte stand: »Danke für ein weiteres Jahr«. Wir öffneten eine der Flaschen.

Clancy liebte Weihnachten. Er liebte die Geschenke, liebte es, das Essen zu untersuchen sowie die Kisten, in die es eingepackt war. Er schaffte es immer, hineinzupassen, egal, wie groß sie waren. Doch gegen Ende dieses Jahres schien er langsamer geworden zu sein. Er verlangte immer noch, draußen bei seinem Publikum zu sein, aber er war weniger auffällig. Wir entdeckten nichts, was an ihm nicht stimmte, doch er veränderte sich.

»Clancy hat heute nicht gefressen«, erwähnte ich, als ich eine Dose Super Supper öffnete, sein Lieblingsfutter.

»Ich habe neulich mein Mittagessen auf dem Tisch stehenlassen, und er hat es nicht angerührt.« Jay hatte früher unabsichtlich sein Mittagessen mit Clancy geteilt, der die Folie aufgerissen, das Roastbeef herausgezogen und den Apfel unter Jays Schreibtisch gerollt hatte.

Ich sah zu, als Audrey ihn hochhob und untersuchte. Sie blickte Greg an und lachte nervös, wie sie das immer tut, wenn sie sich unbehaglich fühlt oder aufgeregt ist. Greg bestätigte ihren Fund. Seine Nieren waren vergrößert und unregelmäßig. Er war nach dem Leukämietest immer noch positiv. Clancy war jetzt sieben. Ich wußte, daß die wahrscheinliche Diagnose ein Lymphosarkom an den Nieren war. Jay kam herüber und legte den Arm um mich. »Wir kümmern uns um ihn, Sam, keine Sorge. Wir sind doch ein ziemlich gutes Team, oder?« Ich nickte lächelnd. Audrey hatte ihren Mantel schon an, und Jay holte seinen.

»Frohe Weihnachten. Bis Freitag.« Greg griff hinüber und tätschelte den getigerten Kopf. »Gute Nacht, alter Freund.«

Ich nahm die Decke, die ich für Clancy gemacht hatte, und legte sie neben ihn in die Ecke. Sein Name war in Grün auf das braune und minzfarbene Paisleymuster aufgestickt. Ich küßte ihn auf das M auf seiner gestreiften Stirn, und er tat so, als schliefe er fest.

»Schon okay, Clancy, du mußt mich heute nicht reinlegen. Frohe Weihnachten, mein Engel.« Ich schaltete die Lichter aus und verschloß die Tür. Keiner beschwerte sich, daß er nicht in seinem Käfig war.

Der Weihnachtsabend war mir der liebste Tag im Jahr. Ich hatte ihn im Laufe der Jahre auf unterschiedlichste Weise gefeiert, auf Partys, mit Freunden oder im Konzert. Doch egal, wo ich war und mit wem, ich wollte am Weihnachtsabend immer zu Hause sein.

Dieses Jahr näherte sich dem Ende, und ich spürte, wie meine sorglosen Tage mit Clancy mir entglitten. In dieser Nacht der Sorge und der Freude, der ruhigen Verwunderung und des Friedens ging ich heim zu Natascha und Daphne, Frederick, Siggie und Sam. Ich mußte jetzt zu Hause sein.

Am Weihnachtstag kam ich herein, um unsere stationären Fälle zu untersuchen und um Anrufe entgegenzunehmen. Selbst an Feiertagen können die Besitzer unserer Patienten mit einem Arzt in allen Abteilungen sprechen. In der Onkologie wechselten sich drei Ärzte an Feiertagen ab, und Weihnachten war Audrey dran. Als sie kam, hatte ich Clancy schon gefüttert. Er fraß eine Schale Rindfleisch für Katzenbabys, und als Besonderheit schenkte ich ihm Roastbeef. Dann verteilten Audrey und ich die Spielmäuse, die wir für die Katzen auf der Station gekauft hatten. Clancy bekam eine blaue Maus, doch ich denke, er hätte eine echte vorgezogen.
Anschließend ging ich nach Hause und öffnete drei Dosen Turkey and Giblets für das Weihnachtsessen meiner Familie; ich dachte, daß dies die traditionelle Wahl für diese Gelegenheit sei. Nur Siggie zeigte sich dankbar. Natascha präsentierte sich angemessen in einer Schachtel von Bloomingdale's unter dem Baum, während Daphne den Schmuck von den unteren Zweigen entfernte. Frederick und Sam schienen den feiertäglichen Waffenstillstand zu respektieren, und Siggie fraß das Futter aller anderen.

5. Kapitel

Weihnachten war vorbei. Am Freitag kehrte wieder Routine ins Center ein, und wir planten Clancy für seine Biopsie ein. Ich saß bei ihm im Aufwachraum, und viele seiner Bewunderer kamen vorbei, um ihn zu besuchen. Jay hatte eine Biopsie seiner Nieren vorgenommen. Clancy hatte ein Lymphosarkom. Er war kein stoischer Patient, behielt sich seine Beschwerden jedoch für ein Publikum vor. Wenn er allein war, döste er. Ich trug ihn zurück in den achten Stock und in seinen Käfig, wo er als Therapie intravenös Flüssigkeit bekommen würde. Er war erschöpft und zeigte kein Widerstreben, in seinem Käfig zu bleiben. Als ich am Abend ging, schlief er in seinem Katzenklo, und seine Flasche stand vor dem Käfig und wartete auf die Nachbehandlung. Um zwei Uhr am nächsten Morgen klingelte in meiner Wohnung das Telefon.

»Samantha? Hier ist Anne-Marie.« Sie war Nachtschwester. »Ist Clancy bei Ihnen?«

»Nein – ist er weg? Aber er hing doch an seinem Tropf.«

»Nun, die Flasche ist noch da, doch der Verbindungsschlauch ist kaputt. Seine Käfigtür war offen, als ich raufkam, um nach ihm zu sehen.«

»Er ist nicht auf der Station? Vielleicht hat ihn jemand in einen anderen Käfig gesteckt.«

»Nein, ich habe auf der Station nachgesehen, und ich habe überall auf dem Gang nach ihm gerufen. Ich dachte, vielleicht haben Sie ihn, oder Sie kennen seine Verstecke.«

»Aber er ist heute operiert worden«, überlegte ich laut. »Er kann nicht weit gekommen sein. Ich bin gleich da.«

»Doch wie kam er bei geschlossener Tür aus der Station?«

»Ich weiß es nicht. Das habe ich nie rausgekriegt.« Ich lächelte, als ich mir vorstellte, wie er tief und fest in seinem Käfig schlief. Er hatte mich wieder ausgetrickst.

Als ich den Hügel hinunter zum Krankenhaus ging, versuchte ich einen Plan zu skizzieren. Sein Lieblingsplatz war der Vorratsraum am Ende des Flurs, doch der war nachts abgeschlossen. Ich hatte immer gedacht, dies sei sein Lieblingsplatz wegen der Hysterie, die er hervorrief, wenn Harold, der für die Vorräte verantwortlich war und Angst vor Katzen hatte, ihn sah.

Ich durchsuchte noch einmal die Station und das Büro, rief seinen Namen und ging den Flur hinunter. Ein entferntes Miauen zog mich zum Vorratsraum. Während ich weiter seinen Namen rief, wurden seine Schreie lauter und drängender. Eine Taschenlampe beleuchtete zwei runde Augen, und aus der umgebenden Dunkelheit tauchte eine vertraute Form auf. Clancy war das drei Meter hohe Gitter hochgeklettert und saß nun auf dem oberen Regal an der Wand des Vorratsraums und behauptete, er könne nicht herunter. Schließlich war er krank.

Ich rettete meinen kleinen Helden, und er schnurrte, während ich rief und schrie. An diesem Morgen beschwerte

sich Harold, daß jemand zwei Fünfzig-Pfund-Säcke am Boden aufgerissen habe.
Wir warteten noch eine Woche nach Clancys Operation, damit die Biopsiestelle verheilte. Am 2. Januar begann die Behandlung. Clancy knurrte und kämpfte gegen seine wöchentliche Chemotherapie. Doch fünf Minuten Unannehmlichkeiten für uns alle waren den Wandel an ihm wert, sobald seine Behandlungen begonnen hatten. Innerhalb einer Woche nach der ersten Behandlung wurden seine Nieren kleiner und sein Appetit größer. Er war wieder verspielt und neugierig.

Der Beginn eines neuen Jahres war für mich jedesmal eine Zeit des Nachdenkens. Nach der Aufregung um Weihnachten ließ ich Vergangenes Revue passieren, anstatt mir die Zukunft vorzustellen. Gedämpft, nachdenklich und vielleicht ein wenig melancholisch.
Ich war zu Hause und leerte den Baum, kniete auf dem Boden und packte den Schmuck, der überlebt hatte, in Kisten, als ich zwei Pfoten in meinem Nacken spürte. Ich fuhr herum, und Frederick, der auf seinen Hinterbeinen stand, reckte sich wieder hoch und umarmte mich. Er hatte mir beigebracht, daß diese Geste »Heb mich hoch!« bedeutete, und schnurrte zustimmend. Hatte er das in seinem früheren Heim gemacht? Wie hatte sein vorheriger Besitzer ihn nur aufgeben können? Dieser herrliche Tiger wurde ins Krankenhaus gebracht, um ihn einschläfern zu lassen, weil die Verlobte des Besitzers allergisch gegen Katzen war. Er war ein gesunder erwachsener Kater, dessen Leben fast zu Ende war, weil sein Besitzer eine Wahl getroffen hatte.

Ich fragte mich, wie der frühere Lebensstil meiner adoptierten erwachsenen Katzen gewesen war. Sie schienen sich schnell an die neue Umgebung anzupassen, aber ich machte mir Gedanken über ihre Kindheit und ihren vorherigen Tagesablauf.

Als ich in meine heutige Wohnung zog, streckten sich Natascha und Daphne, als ob es das erstemal in ihrem Leben wäre, daß sie genug Platz hatten. Alle Katzen liebten den Haufen Platz in der neuen Wohnung. Ich weiß nicht, wie groß Siggies früheres Heim war, doch jetzt galoppierte er in der ganzen neuen Wohnung herum, normalerweise um ein Uhr nachts, drei- oder viermal in der Woche. In der alten Zweizimmerwohnung brachte Natascha immer Teile aus meinem Wäschebeutel die Stufen zu meinem Hochbett hinauf. Wenn ich jetzt Besuch hatte, konnte es durchaus passieren, daß sie Unterwäsche aus dem Bad und durch fünf Zimmer zerrte und sie zu Füßen meines Gastes fallen ließ.

Manchmal beobachtete ich Clancy im Center in einer neuen Situation und war erstaunt über seine Anpassungsfähigkeit. Ein Fernsehsender filmte für eine Nachrichtensendung einmal eine Szene im Wartezimmer. Sie kamen nach der Sprechstunde, und Greg hatte einen späten Termin für einen Hund mit einem Tumor an den Milchdrüsen festgesetzt. Als Greg mit der Untersuchung fertig war, war noch Zeit für eine weitere Szene. Clancy half dem Kamerateam, sprang auf Kisten und untersuchte ihre Ausrüstung. Ich schlug vor, ihn zum Fernsehstar zu machen. Greg meinte, wir könnten so tun, als behandelten wir Clancy. Ich legte den Star auf den Untersuchungstisch. Lichter, Kamera und Action, als Greg mit der Nadel in der

Hand nach Clancys Bein griff. Clancy wußte, daß er am Tag zuvor schon behandelt worden war. Er demonstrierte dem Filmteam, was für eine furchtbare Erfahrung dies für ein hilfloses Kätzchen war. Wir entschieden uns schließlich für eine Episode, die zeigte, wie Greg Clancys Herz abhörte. Gregs Kopf war gebeugt, während Clancy gerade in die Kamera blickte. Clancy, der Star, nutzte die Einrichtungen des achten Stocks voll aus. Nur mit Mühe mochte man glauben, daß er einst fast den ganzen Tag in seinem Käfig geblieben war. Er konnte auf einen Besuch bei Greg vorbeikommen oder den Flur entlanggehen, um Harold zu piesacken.

Einmal, als ich hinunterlief, um Clancy zu holen, meinte Harold fast anklagend: »Ich dachte, Sie sagten, er sei krank.« Ich glaube, daß sich Harold auf seine Weise um Clancy sorgte. Clancy hatte mit seiner Hartnäckigkeit und seinem Eigensinn ein weiteres Herz erobert. Harold ließ ihn in leeren Kisten sitzen und auf die Berge klettern, die mit jeder Lieferung auftauchten. Nur wenn Clancy ihm im Weg war oder wenn er sich an die Säcke mit Trockenfutter wagte, forderte Harold meine Hilfe an.

Das neue Jahr hatte Clancy und mir einen Kompromiß gebracht. Unsere sorglose Routine war unterbrochen und eine andere eingeführt. Wir würden jede Woche Therapie erdulden müssen und damit die wöchentliche Erinnerung daran, daß unser Leben sich verändert hatte. Es war ein Kompromiß, doch wir akzeptierten die Bedingungen. Sosehr es mir auch gegen den Strich ging, die Veränderung hatte sich in meine Routine eingeschlichen.

Das neue Jahr brachte neue Gesichter, neue Namen, neue Geschichten mit sich. Das Wartezimmer der Klinik war eine Mischung aus vertrauten und unvertrauten Gesichtern und aus Katzen, auf deren Besuche ich mich bald freuen würde.

Mr. und Mrs. Berkeley kamen zum erstenmal in unsere Klinik. Denton war eine neunjährige schwarze Katze, die vor neun Monaten anderswo einer Mastektomie unterzogen worden war. Jay und ich gingen hinein, um Denton und ihre Besitzer zu begrüßen.

»Wissen wir denn, was die ursprüngliche Biopsie gezeigt hat?« fragte Jay, als er sie untersuchte.

»Der Arzt hat gesagt, es sei bösartig«, antwortete Mr. Berkeley.

»Nun, sie hat Rückfälle an ihren Milchdrüsen, und es sieht so aus, als ob es sich bis zu den Lymphknoten in den Achselhöhlen ausgebreitet hätte.«

»Das hatten wir befürchtet.«

»Wir können sie operieren lassen, aber ich weiß nicht, ob ...«

»Nein«, unterbrach Mrs. Berkeley. Es war das erstemal, daß sie sprach. »Keine Operationen mehr.«

»Nun«, fuhr Jay fort, »ich weiß nicht, ob wir den ganzen Tumor entfernen können, und es ist durchaus möglich, daß sie in diesem Bereich Heilungsprobleme bekommt.«

Ich wußte, daß Jay nicht auf einer Operation bestehen würde. Wenn er glaubte, er würde Denton am besten durch die operative Entfernung ihres Tumors helfen, hätte er den Vorgang und die Wirkung der Operation auf Dentons Prognose erklärt, so daß die Berkeleys darüber nachdenken konnten. Der Tumor war jedoch an einer schwierigen Stelle, und Jay machte sich Sorgen, daß er ihn vielleicht gar nicht entfernen konnte, sondern daß der Eingriff sogar dazu beitragen würde, die Krankheit sich weiter ausbreiten zu lassen.

»Warum fangen wir nicht heute mit ihrer Immuntherapie an?« schlug er vor. »Eine Reihe von sechzehn wöchentlichen Injektionen. Vielleicht wird diese Förderung ihres Immunsystems helfen, die Tumore unter Kontrolle zu halten.«

»Wird ihr von der Behandlung schlecht werden?« fragte Mrs. Berkeley.

»Den meisten unserer Katzen wird nicht schlecht. Sie scheinen die Therapie gut zu vertragen. Manche bekommen Fieber. Einige können ein paar Stunden danach deprimiert sein oder keinen Hunger haben, aber normalerweise geht es ihnen am Abend oder am nächsten Morgen wieder gut. Wir überwachen ihre Reaktion und finden die optimale Dosierung für sie. Ich glaube, das ist der beste Plan, den wir Ihnen anbieten können. Wir empfehlen keine Chemotherapie bei Katzen mit Milchdrüsentumoren, weil unsere Ergebnisse nicht ermutigend waren.«

»Wir wollen auch keine Chemotherapie für sie.«

Mrs. Berkeleys Reaktion war in unserer Klinik nicht unüblich. Als ich in der Abteilung zu arbeiten begann, wandten wir Chemotherapie vor allem bei Hunden an. Ich hatte Angst vor all diesen Medikamenten, die normale und anormale Zellen töteten. Ich machte mir Sorgen um mögliche toxische Wirkungen, selbst wenn die Hunde die Therapie gut vertrugen. Katzen sind jedoch keine kleinen Hunde, und Medikamente beeinträchtigen sie oft anders.

Die erste Katze, die wir mit Chemotherapie behandelten, hatte ein Lymphosarkom, und ihr Leukämietest war positiv. Ich erinnere mich daran, wie ich dastand und den Kater nach seiner Behandlung beobachtete, und wie ich darauf wartete, daß etwas passierte. Innerhalb von vierundzwanzig Stunden nahm der Tumor in der Brust an Größe ab, und sein Appetit besserte sich.

Ich mache mir immer noch Sorgen, was die Chemotherapie betrifft, obwohl mir ihre Wirkungsweise bewußt ist. Ich sorge mich um die Auswirkungen von Langzeittherapie, erkenne jedoch an, daß diese Sorge selbst ein Zeichen unseres Fortschritts bei der Behandlung von Krankheiten ist. Chemotherapie bedeutet selten Heilung für unsere Patienten, doch oftmals bringt sie wertvolle Zeit. In manchen Fällen befähigt sie uns, Therapiemethoden zu kombinieren, zum Beispiel einen Tumor so schrumpfen zu lassen, daß wir nun eine Operation in Erwägung ziehen können, die vorher unmöglich war.

Die meisten Besitzer unserer Patienten hatten persönlich die Auswirkungen von Chemotherapie auf einen Freund beobachtet oder tragische Geschichten über diese Behandlung gehört. In der Humanmedizin wendet man viel höhere Dosen an, und das kann einer der Gründe sein, warum ihre Resultate entschieden besser sind als unsere. Sie haben als Ziel die Heilung, während wir versuchen, die Krankheit einzuschränken. Wir können den Besitzer oder die Katze nicht einer hilflosen Situation aussetzen. Wir versuchen die Lebensqualität der Katze aufrechtzuerhalten. In Dentons Fall würde eine weitere aggressive

Therapie mit entweder einer Operation oder Medikamenten ganz sicher bei ihr sofort Beschwerden hervorrufen und ihr wahrscheinlich kein längeres oder besseres Leben sichern.

Es gibt bestimmte Krankheitsformen, die auf konventionelle Therapien nicht ansprechen. Neue Therapiemethoden können Hoffnung bringen, wenn wir nichts anderes zu geben haben. Die Besitzer unserer Patienten werden über die möglichen Folgen der Therapie informiert und von allen verfügbaren Alternativen in Kenntnis gesetzt. Wenn eine Behandlungsform in den meisten Fällen gut funktioniert, sollte das dem Besitzer gesagt werden. Unsere Patienten sind keine Versuchstiere. Sie sind Haustiere, und wir glauben, daß wir ihnen und ihren Besitzern den Nutzen unserer Erfahrung schulden. Wir haben genug Krankheiten, die nicht auf konventionelle Therapie ansprechen. Viele Besitzer wollen etwas Neues ausprobieren und damit die Chance haben, daß es funktionieren könnte. Doch sie müssen die Entscheidung treffen. Und die Entscheidung muß sich auf alle verfügbaren Informationen gründen.

»Sie ist Ihre Katze, nicht wahr, Mrs. Berkeley?« fragte ich und lächelte über Dentons Abhängigkeit von ihr. Die goldenen Augen hatten ständig in ihr Gesicht geblickt.

»Ja, wir haben viel zusammen durchgemacht.«

Ich sah Mrs. Berkeley nie mehr wieder. Ihr Mann brachte Denton jede Woche zu uns, und während dieser Besuche erfuhren wir die Geschichte ihrer engen Beziehung. Denton und Mrs. Berkeley hatten im März des Vorjahres beide eine Diagnose erfahren, nach der sie beide einen bösartigen Tumor in der Brust hatten. Mrs. Berkeley bekam

Chemotherapie und verbrachte viel Zeit zu Hause mit Denton. Als bei beiden Rückfälle auftraten, wollte Mrs. Berkeley Therapie für Denton, aber nur bei minimalen Nebenwirkungen. Drei Monate lang ging es Denton mit dieser Behandlung recht gut, und beide Berkeleys schöpften Mut.

An einem Samstagmorgen Ende April kam ich ins Wartezimmer und sah Mr. Berkeley dort sitzen.

»Ist alles in Ordnung?« fragte ich. Er sah so müde aus.

»Es geht um meine Frau«, antwortete er. »Sie haben sie am Donnerstag ins Krankenhaus gebracht. Sie war so schwach. Und die Behandlungen – sie haben nicht mehr gewirkt.«

»Im Krankenhaus können sie sich besser um sie kümmern«, erwiderte ich, »und sie können es ihr bequemer machen.«

»Aber ich weiß nicht, was ich tun soll«, sagte er mit bebender Stimme. »Ich glaube nicht, daß ihr noch zu helfen ist. Und nun Denton.«

»Warum, was stimmt denn nicht mit Denton?«

»Sie hat am Donnerstag aufgehört zu fressen und versteckt sich unter dem Bett meiner Frau. Sie schläft den ganzen Tag dort.«

Ich hob den Deckel des Transportkorbs und streichelte sanft Dentons schwarzes Fell. Sie hatte Gewicht verloren und atmete schwer.

»Dr. Harvey wird gleich dasein«, sagte ich zu ihm. »Wir werden herausfinden, was mit Denton los ist.«

Als Jay kam, hatte ich die Röntgenanforderung bereit, und er untersuchte Denton kurz, bevor er sie zum Röntgen hinunterschickte.

Denton hatte in ihrer Lunge metastatische Veränderungen und Flüssigkeit. Dies hieß, daß die Krebszellen, die für das Wachstum in ihren Milchdrüsen und den benachbarten Lymphknoten verantwortlich waren, nun begonnen hatten, auch in ihrer Lunge zu wachsen. Mr. Berkeley bat uns, sie einzuschläfern. Er blieb an der Tür stehen und sah ein letztes Mal Denton an.
»Sie war die Katze meiner Frau, wissen Sie. So ein Trost für sie. Ich glaube nicht, daß ich es ihr erzählen kann.«
Mrs. Berkeley starb drei Tage später im Krankenhaus.

Manche Besitzer unserer Patienten, die uns regelmäßig aufsuchen, fragten nach Mr. Berkeley und Denton. Sie kamen am selben Tag und plauderten normalerweise miteinander, während sie auf ihren Termin warteten. Denjenigen, die eine Therapie in Erwägung zogen, wurde bei ihrer Entscheidung oft geholfen, indem sie andere Katzen sahen, die diese Behandlung bekamen.
Mr. Berkeley hatte eine Katze mit Milchdrüsenkrebs getroffen, die nach fünf Jahren Therapie nur noch alle sechs Wochen zu uns gebracht werden mußte. Er hatte eine andere schwarze Katze gesehen, die drei Jahre lang zu uns kam, nachdem der ursprüngliche Arzt dem Besitzer vorgeschlagen hatte, die Katze einschläfern zu lassen. Doch er lernte auch einen Mann mit einer Siamkatze kennen, die auf die Therapie nicht ansprach. Mr. Berkeley saß im Wartezimmer, als wir diese wunderschöne kleine Siamkatze einschläferten.
Die meisten Freundschaften, die im Wartezimmer während dieser wöchentlichen Besuche entstanden, dauerten außerhalb der Klinik nicht an, doch für kurze Zeit waren

diese Menschen jede Woche von anderen umgeben, die an ihren Tieren hingen. Vielleicht verstand der Chef nicht, warum jener Angestellte die Katze einmal die Woche herbringen mußte, doch die Person neben ihm auf der Bank im Wartezimmer tat das ganz sicherlich.

6. Kapitel

Im Februar begann im Center ein neues Ausbildungsprogramm. Studenten von der University of Maine kamen, um an einem Werkstudentensemester in der Klinik teilzunehmen. Sie wollten Veterinärassistenten oder -techniker werden. Die Vorlesungen wurden von den Ärzten des AMC gehalten, doch am wertvollsten war die tägliche Erfahrung, die die Studenten durch die Arbeit in verschiedenen Bereichen des Krankenhauses gewannen. Die erste Gruppe bestand aus acht jungen Frauen, und sie wohnten in einer kleinen Wohnung im achten Stock. Diese lag am unserer Station entgegengesetzten Ende des Flurs, neben dem Versorgungsbereich. Sie hatten drei kleine Schlafzimmer mit Etagenbetten und eine Küche. Auf der anderen Seite des Flurs gab es ein Wohnzimmer mit einem Schreibtisch, einem Sofa, ein paar Stühlen und einem Fernseher.

Clancy hieß diese erste Studentengruppe im Februar willkommen, erfreut, seinen Wohnbereich mit ihnen zu teilen. Was muß es für ihn eine Freude gewesen sein, mal wieder auf einem Bett zu schlafen! Er teilte sich und sein außerordentliches Wesen auf alle Mädchen auf. Ich fand ihn jedesmal, wenn ich ihn holen kam, auf einem anderen Bett.

Ich nehme an, ich hätte eifersüchtig sein sollen, doch Clancy gab jedem das Gefühl, etwas Besonderes zu sein. Er begrüßte mich stets mit einem Trällern und warf den Kopf zurück, als ob er eine unsichtbare Mähne schüttelte. Manchmal wanderte er allein ins Büro. Er schlief nachts immer noch in seinem Käfig, doch nun hatte er die Privilegien des Fernsehens. Eine der Studentinnen brachte ihn meistens auf die Station zurück, doch da ich Clancys Taktiken kannte, war ich nicht überrascht, herauszufinden, daß er ab und zu die ganze Nacht bei den Mädchen war.

Tag für Tag sah ich zu, wie seine stämmigen Beine die vertrauten Tigerstreifen vorbei an Gregs Büro und den Flur hinuntertrugen. Aus dem Büro konnte ich den Empfang hören, der ihm zuteil wurde, fast eine tägliche Ovation einfach dafür, daß er Clancy war.

Clancy war nicht im traditionellen Sinne eine Katze, die eine Vorstellung gab. Er beobachtete, wie ich Bälle über den Boden rollte, zurückholte und wieder rollte. Er beobachtete, wie ich sie von der Wand abprallen ließ. Er beobachtete, wie ich sie unter Schränken verlor.

Ich kaufte ihm eine Sammlung Mäuse. Clancy hatte Katzenminzemäuse, Mäuse auf Rädern, batteriebetriebene Mäuse. Er hatte flauschige Mäuse und Gummimäuse. Er hatte Mäuse mit Paisleymuster, Streifen und Karos. Doch Clancy kannte die Wirklichkeit.

Ich schenkte ihm einen springenden Frosch, ein Huhn, das am Boden pickte. Ich kaufte ihm einen Gummifisch und steckte ihn in eine Wasserschüssel. Clancy sah zu, wie ich mit meinem ganzen Spielzeug spielte. Doch der Fisch war zuviel. Er ging hinüber zu einer Schüssel, um seinen Durst zu stillen, und entdeckte, daß da etwas im Wasser trieb. Er

sah mich an, als ob ich einem Vegetarier Fleisch angeboten hätte. Mit seinem zweisilbigen Miauen, das er in dringenden Fällen einsetzte, tat er immer wieder sein Mißfallen kund. Clancy verließ den Raum, und ich holte voller Scham den Fisch wieder heraus.
Das einzige Spiel, das er mit mir spielen wollte, war das Spinnenspiel. Während Clancy in der Ecke auf dem Tisch schlief, begann die fünfbeinige Spinne meiner rechten Hand auf ihn zuzukriechen, begleitet von einem A-capella-Solo. Er sah zu, wie sie immer näher kam. Er sah zu und ließ nicht erkennen, daß er mitspielen wollte. Schließlich, wenn die Spinne in Reichweite und ich von Clancys Langeweile überzeugt war, packte er das fünfbeinige Monster mit beiden Vorderpfoten und grub seine Zähne in dessen fleischige Mitte.

Die Wochen flogen dahin, während Clancy in seinem Leben Platz für all seine Bewunderer schuf. Es gelang ihm, jedem zu gefallen, und er fand in seinem vollen Tagesablauf Zeit, um uns für ein paar besondere Momente auszusuchen.
An einem Mittwoch im April sah ich Mrs. Smith in unserem Wartezimmer.
»Bringen Sie Oliver Cromwell herein, damit wir ihn uns anschauen können«, meinte Audrey. Mrs. Smith hob den Tragekorb hoch und brachte ihn ins Untersuchungszimmer. Oliver war ein normaler Kater, dessen Leukämietest sich als positiv erwiesen hatte. Wir untersuchten ihn alle zwei, drei Monate, weil er, wie Clancy, empfänglicher für die Krankheit war. Wir hofften, daß diese Routineuntersuchungen uns befähigen würden, irgendwelche winzigen

Veränderungen in seiner körperlichen Verfassung und in seinem Blutbild zu entdecken. Außerdem nahmen diese regelmäßigen Untersuchungen auch einigen Druck von Mrs. Smith. Sie wußte, daß Oliver ein hochgefährdeter Kandidat für ein Lymphosarkom war, und wir alle fühlten uns besser, wenn wir ihn uns genau ansahen.

Oliver war ein beeindruckender Kater. Er war getigert wie Clancy, doch er hatte weiße Flecken in seinem Fell.

»Wie war sein letzter Bluttest, Dr. Hayes?« fragte Mrs. Smith. Wir hatten einen vollständigen Bluttest gemacht und uns vor allem die Anzahl der roten und weißen Blutkörperchen angesehen. Zu wenige weiße Blutkörperchen werden es der Katze nicht erlauben, eine Infektion zu bekämpfen; zu viele zeigen das Vorhandensein einer schweren Infektion oder von Leukämie an.

»Nun, die Anzahl und das Differential seiner weißen Blutkörperchen sind normal, und er ist nicht anämisch. Aber er ist immer noch positiv, was den Leukämievirus betrifft.«

»Ich denke nicht, daß sich das ändern wird«, erwiderte sie. »Er nimmt nun schon eine ganze Weile diese Pillen, doch er sieht so gesund aus.«

»Es geht ihm einfach gut. Ich kann nichts an ihm finden.«

»Nein, er würde jetzt nicht krank werden, denn im nächsten Monat heißt es wieder ab nach Maine.«

»Warum haben Sie Topaze gebracht? Irgendwelche Probleme?«

»Nein, aber er ist eine Weile nicht hiergewesen, und er leistet Oliver gern Gesellschaft. Wir haben die Mädchen zu Hause gelassen.«

Mrs. Smith und ihre Tochter hatten vier Katzen. Jenny, Samantha und Topaze hatten sich nach dem Leukämietest als negativ herausgestellt. Als sie entdeckten, daß Oliver positiv war, war die Familie seit sechs Jahren zusammen. Die drei anderen Katzen waren immer noch negativ, und obwohl die Smiths wußten, daß es keine Garantie gab, daß sie das auch bleiben würden, konnten sie sich von keiner trennen. Sie bekamen alle die gleiche Therapie wie Clancy, und wir testeten sie in regelmäßigen Abständen.

Alle liebten Oliver, denn er war der älteste und weltgewandteste. Jeden Sommer nahmen die Smiths die Katzen mit in ihr Heim nach Belfast, Maine. Für Oliver und Topaze war Maine ihr natürliches Zuhause. Die Weibchen waren Stadtkatzen.

Wie viele der Besitzer unserer Patienten hat Mrs. Smith mehr als eine Katze, so daß wir die ganze Familie kennenlernen. Wir bekommen Katzen mit Diabetes, Herzkrankheiten und Hautproblemen zu sehen, verabreichen die jährlichen Impfungen, diskutieren über Fütterung und reinigen manchmal auch einfach nur die Ohren des Kameraden eines Patienten.

»Darf ich Clancy begrüßen?« fragte Mrs. Smith. »Er hat an Gewicht verloren, nicht wahr?«

Sie war vor Weihnachten das letztemal hiergewesen, weshalb ich ihr von Clancys Krankheit erzählte.

Außerdem erzählte ich von Clancys neuer Art, die Nacht zu verbringen, seit die Studentinnen aus Maine im Februar gekommen waren. Ich brachte ihn am Abend in seinen sauberen Käfig am Ende des Ganges zurück. Er verschüttete sofort das Wasser, kippte sein Katzenklo um, kackte und miaute dann erbärmlich. Konnte ich ihn etwa über Nacht in diesem Schweinestall lassen? Natürlich öffnete ich die Tür und hob ihn hoch. Er sprang von meiner

Schulter, und die Jagd war eröffnet. Jeden Abend ließ ich ihn schließlich in einem sauberen, trockenen, ordentlichen Käfig zurück. Und jeden Morgen entdeckte ich wieder einen Käfig voller zerfetztem Papier. Ich fragte mich, ob er mit der inneren Sicherheit zusammenarbeitete oder aber Konfettis für eine Parade herstellte.

»Sie ähneln sich in vieler Hinsicht, nicht wahr?« fragte ich und sah dabei von Clancy zu Oliver. »Beide scheinen dazu bestimmt, Frauenkatzen zu sein, unsere Beschützer.«

»Ja«, antwortete sie, »sie haben ein gewisses stoisches Wesen.«

»Vielleicht gehört das zu Adel dazu.«

Sie versprach, eine Karte aus Maine zu schicken.

Clancys Geburtstag war der 17.Mai. Es würde unsere dritte gemeinsame Feier werden. In der ersten Maiwoche wurde er anämisch und bekam Fieber. Ich hatte genug Katzen in unserer Klinik gesehen, um zu wissen, daß Clancy das Endstadium erreicht hatte. Wir konnten seine Symptome behandeln, und vielleicht würde er zeitweise darauf ansprechen. Greg fragte mich nur einmal, am Anfang der Woche, ob ich Clancy einschläfern lassen wollte. Aber ich mußte versuchen, ihm zu helfen. Wir behandelten ihn fünf Tage lang mit Bluttransfusionen und Antibiotika. Er sprach nicht darauf an. Die Studentinnen aus Maine besuchten ihn und brachten ihn in ihr Zimmer, als er schwächer wurde. Das Pflegepersonal fragte nach ihm, und Harold, der Clancys Abwesenheit bemerkte, erkundigte sich ebenfalls. Ich sah die Sorgen, die sich alle machten. Ich erzählte ihnen, daß er sterben würde, und spürte, wie ihr Schmerz und der meine sich für einen Augenblick berührten, in unserer Hilflosigkeit verschmolzen und dann in getrennte Teile aus Trauer und Verlust zersplitterten. Wie viele Freunde sich mein kleiner Kämpfer erworben hatte! Wie viele Hindernisse hatte er überwunden, um so viele Herzen zu erreichen!

Greg kam am Freitag nachmittag ins Büro, als ich gerade Clancy versorgte.

»Hat er heute gefressen?« fragte er.

»Nein, er mag nicht mal Babynahrung. Sein Fieber will einfach nicht runtergehen. Es lag heute morgen bei 40 Grad.« Die normale Temperatur bei Katzen liegt bei 38,5 Grad.

»Seine Nieren sind immer noch klein«, stellte er fest, als er ihn untersuchte. »Aber er ist wieder so blaß.«

Ich saß eine Zeitlang bei Clancy im Büro. Die Tür stand offen, und ich dachte daran, wie weit es Clancy seit seinen Anfängen bei uns gebracht hatte. Damals ließen wir die Tür niemals offen, weil er dann stundenlang verschwand. Nun war es ihm egal. Es ging ihm nicht gut, und unsere Behandlung hatte versagt. Ich erinnerte mich an seine frühere Krankheit und an das Versprechen, das ich ihm über seine Lebensqualität gegeben hatte. Mein zäher irischer Gauner hatte seit Weihnachten einen ganz schönen Kampf gekämpft, doch als ich ihn nun schlafend in meinen Armen sah, erkannte ich, wie erschöpft er war.

»Greg, ich glaube nicht, daß Clancy noch glücklich ist. Ich glaube, er will sterben.«

Die Tränen, die ich in diesen letzten Tagen zurückgehalten hatte, konnten nicht länger unterdrückt werden, sobald diese Worte ausgesprochen waren.

Sich fürs Einschläfern zu entscheiden hieß, ein Risiko

einzugehen. Das Risiko, ein Wunder zu versäumen. Wir hatten Clancys Leben einmal gerettet, und wir hatten in gutem Glauben gehandelt. Wir hatten ihm ein Leben versprochen, das anders wäre als sein früheres, aber ein gutes Leben. Wir hatten ihm Tage der Neugier und der Erkundungen geschenkt, Tage des Fressens und der Ruhe und noch mehr Fressen und Stunden in der Sonne. Und er hatte sie voll ausgelebt. Dafür hatte er meinem Leben Lachen und Freude, Angst, ab und zu Ärger und Verantwortung geschenkt. Er hatte meinem Leben Liebe und nun Kummer hinzugefügt. Als er krank wurde, hatten wir wieder versucht, sein Leben zu verbessern und es zu verlängern. Für kurze Zeit war uns das gelungen. Sein Leben jetzt, ohne ein Wunder, zu retten war unmöglich. Wir konnten ihn noch ein wenig am Leben erhalten, aber wir konnten ihm nicht mehr die frühere Lebensqualität sichern. Ihn jetzt am Leben zu erhalten hieß nicht, in gutem Glauben zu handeln. Es war selbstsüchtig.

Greg bereitete die Spritze vor, und ich trug Clancy in seiner Decke, seiner Weihnachtsdecke, in die Untersuchungskabine. Ich hielt ihn und fühlte sein Herz an meinem Arm schlagen. Solange es schlägt, dachte ich, ist er noch bei mir. Sobald es aufhört, werde ich ihn nie wiedersehen. Als ich in seine vertrauensvollen Augen blickte, sah ich ihn wieder am Aufzug entlanggehen und in seinem Käfig schmollen. Ich sah ihn, wie er war, als er gesund und glücklich war.

Er schrie und kämpfte nicht, als die Nadel in seine Vene stieß. Er starb schnell in meinen Armen. Als ich allein im Zimmer war, küßte ich das M auf seinem gestreiften Kopf und sagte auf Wiedersehen.

7. Kapitel

In meiner Jugend in Buffalo verbrachten wir meistens den Sommer in einem Camp in Dunkirk, New York, am Eriesee.

Mein Bruder war dort Rettungsschwimmer, und ich arbeitete in der Küche. Ich stand um sechs Uhr morgens auf, um für zweihundert Leute warmes Müsli zu machen. Seit ich in New York lebe, hat immer die Sehnsucht nach Platz und Wasser das Auftauchen von Weidenkätzchen und Flieder in den Blumenläden begleitet, doch jetzt sehne ich mich nach dem Meer – jetzt suche ich die unvorhersehbaren Stimmungen, den Konflikt und die Leidenschaft der Wellen und das unendliche Antlitz des Atlantik. Und Ende Mai nach Clancys Tod brauchte ich den wortlosen Trost, den eine Weile des Miteinander versprach.

Jay hatte seinen Zeitplan so eingestellt, daß er Anfang Mai am Wochenende freihatte. Das ganze Jahr über wechselten sich in der Onkologie die Assistenzärzte des AMC in ihrem Dienst ab. Sie arbeiteten in der Sprechstunde oder bei Jay im OP, je nachdem, was ihr Interessengebiet war, einen Monat lang oder sechs Wochen. Auf diese Weise wurden sie mit den besonderen Problemen vertraut gemacht, auf die man in der Onkologie stößt, und diese kurze Zeit des

Ausgesetztseins befähigte sie, ihre eigenen Gefühle in bezug auf das Arbeiten mit Krebspatienten zu erforschen.

Dr. Steve Arnoczky war ein Assistenzarzt der Chirurgie, und er arbeitete samstags in der Klinik, wenn Jay Schicht von Montag bis Freitag hatte. Steve war dünn und über eins achtzig groß. Sein langer Laborkittel endete mehrere Zentimeter über dem Knie. Er hatte sich schon entschieden, sich in orthopädischer Chirurgie zu spezialisieren, und interessierte sich nicht besonders für Onkologie, doch das Personal und die Besitzer unserer Patienten liebten es, mit ihm zu arbeiten. Er spielte uns ständig Streiche oder brachte alle zum Lächeln.

Steve hatte oft seine Kamera dabei, um interessante Fälle für Vorlesungen und Lehrzwecke zu fotografieren. In der Onkologie wurde das Ansprechen auf die Therapie manchmal in dramatischen Fotos dokumentiert. Eines Tages Anfang des Jahres, als ich sah, wie er fotografierte, hatte ich erwähnt, wie sehr ich mir Fotos von einigen unserer Katzen auf der Station wünschte. Er kam mit mir nach oben und verbrachte geduldig eine Stunde damit, jede Katze, Clancy eingeschlossen, aufzunehmen. Monate waren vergangen, und ich hatte unseren Fototermin vergessen.

Eine Woche nach Clancys Tod beendete ich an einem geschäftigen Samstag gerade die Sprechstunde. Ausgeglichene Sprechstunden genieße ich, aber diese war hektisch. Ich bereitete ein Medikament für einen Patienten vor, ein anderer wartete auf seine Behandlung, und ein dritter benötigte Flüssigkeit. Wir hatten zwei Katzen in der Radiologie, die abgeholt werden mußten, und eine andere wartete darauf, hingebracht zu werden. Alles wurde erledigt, aber es gab wenig Zeit für mehr, als nötig war. Keine

Scherze, kein Ohrstreicheln für die Katzen und dafür auch kein Schnurren. Ich hatte das Gefühl, wenn noch jemand etwas von mir wollte, würde ich anfangen zu schreien. Innerlich schrie ich bereits. Steve beobachtete meine Anspannung und bat mich ganz ernst, hinunter in die Cafeteria zu gehen, um Kaffee für ihn zu holen. Genauso wie Clancy Greg immer in einem wichtigen Augenblick erreichen konnte, schaffte es Steve, daß ich über mich selbst lachte.

Steve sagte niemals etwas über Clancys Tod, doch er half mir über jene leeren Tage hinweg, als meine Tätigkeit durch Tüchtigkeit überlagert und das Gefühl des Verlustes durch Augenblicke mit unseren Patienten vergrößert wurde. Als die Sprechstunde vorbei war, gab Steve mir ein Päckchen. Er hatte sich an die Fotos erinnert, und obenauf lag ein schönes Bild von Clancy.

Zwei Wochen nach Clancys Tod fuhr ich endlich ans Meer. Auf Fire Island stand mir das unbenutzte Haus eines Freundes zur Verfügung. Am Donnerstag hatte Audrey erwähnt, daß ihr Mann an diesem Wochenende weg sei. Sie hatte ein Auto und schlug vor, daß wir Chico, eine der Krankenhauskatzen, auf einen Tagesausflug mitnahmen. Chico war eine weitere Katze, die der Abteilung geschenkt worden war. Seine Besitzer hatten ihn ins Krankenhaus gebracht, als sie bemerkten, daß er mit offenem Maul atmete. Er hatte ein Geschwür in der Brust, das als Lymphosarkom diagnostiziert wurde. Chico war ungewöhnlich, weil sein Leukämietest sich als negativ herausstellte. (Die meisten Katzen mit Lymphosarkom in der Brust sind positiv.) Er war zuerst verschreckt, aggressiv und äußerst schwierig im Umgang, regte sich schnell auf und schuf sich

manchmal selber Streß, der in Atemnot mündete. Die Behandlungen waren nicht leicht vorzunehmen, doch mit Geduld und minimalem Zwang fanden wir eine Methode. Chico gehörte eigentlich der Tochter der Familie, und sie hatte ihn neun Monate lang zur Behandlung zu uns gebracht, bis sie zur Schule ging. Ihre Eltern wollten die Verantwortung nicht übernehmen, sich um ihn zu kümmern, und deshalb hatte sie uns gefragt, ob wir helfen könnten. Wir stimmten zu, ihn zu behalten.
Chico sprach schnell auf die Therapie an. Unter der Chemotherapie verlor das Geschwür schon bei der ersten Behandlung fünfundsiebzig Prozent seiner Größe und verschwand am Ende des ersten Monats ganz.
Audrey fuhr am Freitag abend voraus, um die Fähre nach Fire Island zu bekommen, und ich holte Chico früh am Samstag morgen auf meinem Weg zum Zug ab. Audrey hatte sich nach der Arbeit auf den Weg gemacht und eine lange Fahrt im Feierabendverkehr erwartet. Wir fürchteten, daß Chico bei so einer Fahrt unruhig und übererregt werden könnte. Der Zug war klimatisiert, und er saß auf seinem Sitz neben mir; die Vorderklappe seines Korbs war offen. Ich hatte eine Leine an seinem Halsband befestigt für den Fall, daß er versuchte herumzuwandern. Er schien zufrieden, neben mir zu sitzen, und kam hin und wieder zu mir. Als der Schaffner auftauchte, befand sich Chico brav in seinem Korb. Ich hatte immer Angst, wenn jemand versuchte, Chico zu streicheln, weil er unerwartet nach Fingern schnappen konnte. Er war verspielt, und wir, die wir ihn kannten, hatten gelernt, stillzuhalten, bis er uns losließ, doch die natürliche Reaktion war, die Hand zurückzuziehen, und dies ermutigte Chico, seinen Biß zu

verstärken. Glücklicherweise nickte der Schaffner uns nur zu und ging weiter.

Die Fähre war eine neue Erfahrung für uns beide. Chico wandte das Gesicht dem Wind zu und hob leicht das Kinn an. Die Bewegung auf dem Wasser schien ihn nicht zu stören, und die offene Fähre setzte uns voll der kühlen Morgenluft aus. Die Tatsache, daß es noch Vorsaison war, und die Vorhersage von Regen sorgten dafür, daß wir die Fähre fast für uns allein hatten.

Als wir an Land gingen, folgte ich den Wegweisern zu einem typischen Sommerstrandhaus, das so ziemlich wie die anderen auf dem unbefestigten Weg ausschaute. Ich sah Audrey auf der Terrasse sitzen, die den halben zweiten Stock einnahm.

Chico und ich erkundeten das Haus, während Audrey uns die Zimmer zeigte. Die Schlafzimmer waren klein, und in jedem standen nur ein Bett und eine Kommode. Das Wohnzimmer war hell und luftig und hatte an drei Seiten Fenster mit Fliegengitter. Chico entschied sich sofort für diesen Hauptraum und beäugte eine Vase mit getrockneten Blumen und Blättern. In der Küche waren noch keine Vorräte, weshalb wir zurück in die Stadt gingen, um Kaffee für uns und Futter für unseren Gefährten zu kaufen.

Als wir zurückkamen, stahl sich zu Chicos Vergnügen kurz die Sonne hinter den Wolken hervor. Wir gingen auf dem Rasen vor dem Haus spazieren. Wir gingen, und Chico zog abwechselnd an der Leine und weigerte sich, einen Schritt zu tun, oder sprang vor uns her und versuchte sich zu befreien. Wir hatten geplant, hinunterzulaufen, um den Strand zu sehen, aber fünfundvierzig Minuten später, als es anfing zu regnen, waren wir erst bis zum Nachbarhaus gekommen.

Chico bestand darauf, jeden Grashalm zu beschnuppern und ab und zu einen auszuprobieren, bevor er seinen nächsten vorsichtigen Schritt tat. Als die ersten Regentropfen fielen, hatte er ein Unkraut entdeckt und untersuchte gründlich jedes hervorspringende Blatt. Es regnete den ganzen Tag, und Chico schlief im Wohnzimmer, während wir lasen. Er schlief, bis er sich langweilte. An den getrockneten Zweigen kauend, schmiß er schließlich die Vase um. Wir spielten eine Zeitlang mit ihm, und dann verließ ich die beiden und wagte mich hinaus in den Regen an den Strand.

Die Wellen waren rauh und peitschten den Strand mit einem mächtigen, strömenden Geräusch. Das Meer schien wütend zu sein, doch der Regen fühlte sich auf meinem Weg sanft und angenehm an. Als ich am Wasser entlangschlenderte, wurde der Himmel dunkler, und die Stimmung des Tages veränderte sich. Der Regen fiel nun beständiger und ließ mich wegen seiner Kälte schaudern. In der Ferne ertönte Donner. Die Wellen schlugen wütend, und der Donner kam näher. Als Blitze über den Himmel zuckten, schien es, als ob die Elemente miteinander wetteiferten. Die Wellen krachten an die Küste, während der Himmel grollte und brüllte und elektrisch vor Licht war. Ich war gleichzeitig ängstlich und fröhlich und kehrte nach Hause zurück.

Wir gingen zum Essen in die Stadt und versprachen Chico, ihm etwas mitzubringen. Chico schlief in Audreys Zimmer, und am Morgen fuhren wir früh fort, um die Fähre zu erreichen.

Die Sirene ertönte, als die Fähre ablegte und von Fire Island zum Festland tuckerte. Chico saß aufrecht da und spürte die Feuchtigkeit in der Luft. Mit zurückgelegten Ohren wartete er furchtlos darauf, daß etwas passierte. Audrey und ich saßen neben ihm und spürten seine Freude.

»Er haßt seine Leine«, bemerkte sie.

»Was ist das für eine Katze?« fragte ein Passagier hinter uns.

»Er ist zum Teil eine Abessinierkatze«, antwortete Audrey, »und zum Teil unbekannter Rasse.«

Sie war stolz auf Chico, der einem kleinen Berglöwen ähnelte. Er trug sein schwarzes Lederhalsband mit Würde.

Jay und Audrey kümmerten sich gemeinsam um Chico und nahmen ihn abwechselnd am Wochenende zu sich. Er war eine Gemeinschaftskatze. Wir alle übernahmen die Verantwortung für seine Behandlungen und für sein Glück und Wohlbefinden.

Ihn zu lieben war leicht und eine dankbare Sache, und für mich war es eine andere Art von Beziehung als die, die ich zu Clancy gehabt hatte. Clancy hatte mir gehört, und sein Tod hatte mich gelähmt und meine Tage mit Leere gefüllt. Ich liebte Chico, war aber sicherer in dem Gefühl, zu wissen, daß andere ihn auch liebten.

Es waren drei von uns nötig, um ihn zu behandeln, und wir bekamen nur eine Chance.

»Er klingt wie ein Feuerwehrauto«, bemerkte ich, als Jay ihm am Freitag nach unserem Ausflug seine Spritze gab.

»Wo ist das Feuer, Chico?« neckte ihn Audrey.

»Er sagt, es ist in seinen Augen«, erwiderte ich und zog

schnell meine Hand weg. Chico waren an den Vorderpfoten die Krallen entfernt worden, doch seine Zähne waren große und furchtbare Waffen. »Beiß doch nicht die nette Schwester, Chico«, bat ich ihn.

Er setzte sich auf und schnaubte, dann sprang er vom Tisch ins Büro.

»Ich bin gegen sechs bei dir, Chico«, erinnerte ihn Jay und kehrte zurück in die Chirurgie. Er sollte ihn an diesem Wochenende mitnehmen.

»Vergiß es nicht, Jay. Du weißt, was das letztemal passiert ist.«

Wir hatten Chicos Korb offen im Büro gelassen, damit er wußte, daß er am Abend wegging. Jay wurde in der Chirurgie erst um neun Uhr fertig und vergaß ihn völlig. Als wir am nächsten Morgen im Center ankamen, hatte Chico die Papiere auf Jays Schreibtisch zerfetzt und sie dann als Katzenklo benutzt.

Jener Regentag auf Fire Island war in dem Sommer mein einziger Ferientag. Ich begriff, warum die New Yorker an Sommerwochenenden der Stadt entfliehen. Der Sommer war die Jahreszeit, die ich in New York am wenigsten mochte. Die Katzen und ich litten ständig unter zuwenig Energie. An feuchten Tagen ließ ich in der Wohnung die Klimaanlage an, wenn ich zur Arbeit ging. Frederick genoß es, seine Vorderpfoten in der Waschschüssel zu waschen, meistens bevor er auf meinen Schoß sprang. Deshalb bekamen die anderen Extraschüsseln mit frischem Wasser. Wir nahmen den Sommer als einen langen Übergang zwischen Frühling und Herbst hin.

Ich vermißte die Sommer meiner Vergangenheit, die Sommer, die nie lang genug gewesen waren. Ich vermißte die

Freiheit, im Gras spazieren zu können, die Freiheit, einen sich windenden Feldweg entlangzuhüpfen, der von knorrigen, hervorstehenden Baumwurzeln unterbrochen wurde, hinunter zum Ufer eines noch unberührten Sees. Solche Ausflüge bedeuten jetzt, daß man sich nach Zugplänen erkundigt oder drei Stunden bis ans Ziel fährt.

Ich bremste meine Spontaneität, als die Katzen Teil meines Lebens wurden. Wenn ich länger als einen Tag weg war, mußte ich jemanden finden, der sie fütterte und das Katzenklo auswechselte. Linda, eine der Schwestern im AMC, war meine erste Wahl. Sie kümmerte sich nicht nur um ihre Grundbedürfnisse, sondern verbrachte auch Zeit mit ihnen. Unsere Augenärztin war eine ebenso passende Wahl für die Katzen, und ich war für ihre Katzen da, wenn sie wegfuhr. Nicht nur die Verantwortung allein schränkte meine Ausflüge ein. Ich vermißte sie, und während es möglich war, mit einer Katze zu reisen, so war es unmöglich, dafür eine von meinen fünfen auszuwählen. Sie alle an einen nicht vertrauten Ort mitzunehmen, war keine gangbare Alternative.

So verbrachten wir den Sommer, indem wir auf sein Ende warteten. Meine Erinnerungen an vergangene Sommer wurden zu Träumen von der Zukunft. Doch meine Pläne hingen davon ab, daß sie Teil dieses Traumes waren.

8. Kapitel

Ende Juli rief mich meine Mutter aus Buffalo an. Sie weinte.

»Dad ist im Krankenhaus«, fing sie an, »und diesmal glaube ich, daß es schlimm ist.«

Vor drei Jahren war Dad wegen einer Hüftoperation im Krankenhaus gewesen. Die Operation war aufgeschoben worden, als der Arzt auf den Röntgenbildern einen verdächtigen Bereich in seiner Lunge entdeckte. Sie beschrieben Mom das, was sie gesehen hatten, als einen »Schatten« auf Dads Lunge. Sie hatten das Wort Krebs nicht ausgesprochen. Als sie ihn nach einigen Wochen nach Hause schickten, sah er gesund aus. Mom und Dad hatten meinem Bruder und mir nichts von den Röntgenbildern erzählt.

In den nächsten drei Jahren war Dad mehrmals im Krankenhaus gewesen. Die Ärzte meinten, er sei kräftig genug, zwei operative Eingriffe an seiner Hüfte machen zu lassen. Danach hatte er Krücken benutzt und war einige Male gestürzt.

»Was ist los, Mom?« fragte ich.

»Er hatte einen Anfall. Und als sie ihn ins Krankenhaus brachten, haben sie gesagt, er habe einen Gehirntumor. Er will dich sehen, Liebes. Er fragt dauernd nach dir und Paul.«

Mein Bruder war verheiratet und lebte in Wisconsin.

»Soll ich Paul anrufen?«

»Das habe ich schon getan. Er hat gesagt, er wird morgen dasein. Kannst du kommen?«

Natürlich konnte ich.

Mein Vater hatte Krebs – eine Krankheit, an die ich nicht einen einzigen Gedanken verloren hatte, bevor ich im Center zu arbeiten anfing. Seitdem hatte ich oft daran gedacht, doch meistens nur in bezug auf unsere Patienten. Ich hatte mehrere medizinische Fachzeitschriften abonniert, für Menschen und Tiere, doch selbst meine Lektüre konzentrierte sich auf die Behandlung von Tieren. Ich hatte von Fällen bei Freunden oder Verwandten meiner Freunde gehört, doch bis jetzt hatte Krebs meine Familie nicht unmittelbar berührt.

Er lag reglos in seinem Krankenhausbett. Wie eine Puppe wurde er in eine andere Lage gebracht und blieb so, bis jemand sie wieder veränderte. Ich griff nach seiner knochigen Hand und betrachtete die vorstehenden Adern. Mom und Paul sprachen miteinander und stellten ab und zu der geisterhaften Gestalt, die uns alle wieder zusammengebracht hatte, eine Frage. Er antwortete mit einer Grimasse, einem Stirnrunzeln und manchmal mit einer Stimme, die so brüchig klang, als ob sie versagen würde. Die Ärzte waren geschäftig, die Schwestern tüchtig, und er lag hilflos in seinem Bett und erzählte uns auf seine Weise, daß er den Schmerz, die Würdelosigkeit, die Einsamkeit nicht ertragen konnte –

warum konnte er nicht sterben? Und wir warteten alle vier auf die Stunde.

Wir waren in vieler Hinsicht eine eng verbundene Familie, jedoch keine, die ihre Gefühle ausdrückte. Mom kämpfte um ihre Selbstbeherrschung, jene Beherrschung, die sie befähigte zu arbeiten, Dad im Krankenhaus zu besuchen und an die Zukunft, die nahe Zukunft zu denken. Paul und ich machten uns Sorgen, daß die Gefühle, die sie zurückhielt, sie bald überwältigen würden. Doch sie hatte von ihren Eltern gelernt – wie wir von den unseren –, wie tief die private, einzelne Trauer ist. Unsere Gespräche über Mom dienten auch dazu, uns von jenem Kummer abzulenken, den wir beide empfanden. Wir halfen Mom, indem wir da waren, ihre Hand hielten oder sie durch das Zimmer anlächelten. Wir halfen ihr und uns, indem wir sie liebten.

Nach ein paar Tagen kehrten Paul und ich an unsere Arbeit zurück und ließen Mom allein am Krankenbett. Wir warteten alle, aber für Mom war es am schwersten. Jeden Tag wurde sie Zeugin der Veränderungen, die die Zeit verursachte, Veränderungen, die die Stabilität der glücklicheren Tage zerstörten.

Mein Bruder und ich mußten vollkommen in der Arbeit aufgehen. Ich verbrachte lange Tage in der Klinik. Es vergingen Stunden, in denen ich nicht an Dad dachte. Ich konnte an den Tod denken, ich konnte mich auf den Tod als abstrakten Begriff konzentrieren, doch ich konnte nicht an seinen Tod denken. An ihn zu denken hieß, seinen Schmerz mitzuerleben, ein seelischer und körperlicher Kummer, den ich in keiner Weise zu lindern vermochte. Wir Überlebenden, die wir zurückblieben, kennen die Frustration der Hilflosigkeit. Wir machen weiter, weil es nicht hilft, wenn wir es nicht tun. Wir funktionieren nicht aus unserer Stärke heraus, sondern weil es keine Alternative gibt. Nur nachts, in der Abgeschiedenheit meines Heims, saß ich da und streichelte Siggie und spürte den Kummer in meinem Leben.

Dad hatte seine Freude an der Musik mit Paul und mir geteilt. Ich saß in meinem Wohnzimmer, Jahre von meiner Kindheit entfernt und das ganze Leben zwischen uns beiden, und lauschte der Musik, die er zu einem Teil meines Lebens gemacht hatte. Ich hörte Mozart und Wagner, und es gelang mir, an nichts zu denken, meinen Geist von allen Bildern und allen Gedanken zu leeren. Sobald dieser Augenblick vorbei war, konnte ich weinen, weil die Musik etwas in mir berührte, etwas, das mein Geist Kummer nannte – Kummer darüber, daß er nicht da war und dies nicht mit mir teilte, Kummer über mein eigenes begrenztes Leben, oder Schmerz darüber, daß der Geist solche Höhen zu erreichen vermag, während der Körper solche Pein erduldet. Ich konnte weinen, weil die Dinge nicht mehr so sein würden, wie sie einmal waren, weil die Dinge nie mehr dieselben sein würden.

In den ersten Augusttagen schickte mich der praktische Siggie zur Arbeit, damit ich Geld für sein Katzenfutter verdiente. Linda und ich machten Witze über seinen gierigen Appetit. Seine drei Lieblingsdinge waren Futter, Frederick und ich. Frederick und ich konnten uns um den zweiten Platz in Siggies Herzen streiten, doch der erste wurde durch Siggies Magen entschieden.

Natascha war entsetzt über Siggies Appetit. Wenn ich sie zusammen fütterte, verschlang Siggie sein Abendessen und wandte sich dann dem nächsten Teller für einen Nachschlag zu. Natascha fraß lieber etwas entfernt von Siggie, da sie ein schönes, genüßliches Mahl vorzog.

Ich war darauf vorbereitet, mein Essen mit den Katzen zu teilen, wenn ich mutig genug war, Fisch mitzubringen. Aber eines Abends ließ ich einen Teller mit gedämpftem Gemüse auf dem Tisch, als das Telefon im anderen Zimmer läutete und ich hinüberging. Als ich in die Küche zurückkam, sah ich, wie Sam meinen Blumenkohl fraß und Daphne mit einer Pfote Mais bearbeitete, während sie an den Kernen nagte. Den Brokkoli hoben sie für mich auf.

Natascha und Siggie reagierten auf meine Bedürfnisse, ergriffen jede Gelegenheit, bei mir zu sitzen. Frederick tanzte auf meinem Schoß und ehrte mich, indem er mir mit seiner Sandpapierzunge den Arm putzte. Wenn ich das Ritual nicht mehr ertragen konnte und ihn absetzte, suchte er sich Sam für einen Kampf aus. Daphne hatte ihre eigenen Bedürfnisse. Wenn sie nicht genug Aufmerksamkeit von mir bekam, warf sie sich auf meine gelegentlichen Gäste und rannte mit ihnen hinaus auf den Flur, wenn sie dann gingen.

An einem Montagmorgen im August rief meine Mutter an. Sie war an diesem Morgen früher als sonst ins Krankenhaus gegangen, und Dad hatte auf sie gewartet. Als sie an seinem Bett stand, suchte er nach ihrer Hand und blickte sie mit seinen müden, schmerzerfüllten Augen an. Seine Liebe zu ihr hatte vor über dreißig Jahren begonnen, und er konnte nicht gehen, ohne sie noch einmal zu sehen. Doch dieses letzte Mal war der Schmerz wirklicher als sein Wunsch, bei ihr zu bleiben. Der Tod bot ihm Erleichterung, und er akzeptierte ihn.

Als Mom und ich das Zimmer betraten, blieb ich stehen, um die Karten an den Blumensträußen zu lesen; ich beklagte das Schicksal dieser schönen Blumen, die abgeschnitten und feierlich angeordnet waren, um Jahre der Freundschaft und nun Kummer darzustellen. Ihre Last war schwer.

Er lag in seinem Sonntagsanzug da, dem marineblauen mit einem altmodisch schmalen, gestreiften Schlips.

»Er hat seine Schlipse von Bloomingdale's nie gemocht, nicht wahr?« Ich lächelte Mom an.

»Er hat sie geliebt. Deshalb hat er sie in seiner Schublade aufbewahrt. Er sah sie immer gerne an.«

Ich konnte mich nicht erinnern, wann ich mich das erstemal bewußt dazu entschloß, ihn zu lieben. Ich war in vieler Hinsicht sein Liebling gewesen, vielleicht weil er sich selber in mir sah. Ich war ruhig und unabhängig wie er, vor allem, bevor er Mom kennengelernt hatte. Wir waren beide eigensinnig und stolz. Er hatte meine Launen immer unterstützt. Er teilte seine Liebe zur Musik, zur Kunst und zu Antiquitäten mit mir. Und er liebte Tiere.

»Armer Mitchie«, sagte ich. »Ich wette, er vermißt Dad. Wer wird ihm jetzt Hühnerleber kaufen?«

»Und wer sonst würde fünf verschiedene Dosen Katzenfutter öffnen, bis Mitchie eine findet, die ihm paßt?« fragte Mom.

»Das würdest du wahrscheinlich tun«, erwiderte ich.

Das kalkweiße Gesicht war schön, jedoch streng und lieblos. Ich wandte mich ab. Freunde kamen, und das Zimmer wurde lebendig durch all die Gespräche. Die Zusammenkunft ließ mich für kurze Zeit den Anlaß dafür vergessen. Manchmal kehrte mein Blick zum Sarg zurück, und jemand, der ihm gefolgt war, bemerkte, wie gut er aussah. In dem Bemühen zu trösten, sprachen andere dann von seinem Leiden und der Erleichterung, die seinem Tod folgte. Vor mir blitzte das Bild meines Vaters in seinem Zimmer in der Klinik auf, aufgefressen von seiner Krankheit, während nur Schmerz und Sorge noch an das Leben in ihm erinnerten. Ein Team, das sich zu diesem Zweck zusammengetan hatte, kämpfte darum, ihn am Leben zu erhalten, während die, die ihn liebten, dafür beteten, daß er sterben möge.

Die Beerdigung fand an einem düsteren Freitagmorgen statt. Es war windig und kalt auf dem Friedhof, ein Tag, wie Dad ihn immer gehaßt hatte. Mom, Paul und ich warteten im grauen Nieselregen, und unsere Füße sanken in der nassen Erde ein. Der Kombiwagen kam, und die Männer versammelten sich, um die schwere Urne zu tragen, die seine Asche enthielt. Sie fiel auf den Grund. Mom schauderte und wandte sich ab. Als sie ihn in die Tiefe gesenkt und die erste feuchte Erde wieder an ihren Platz geworfen hatten, faßten wir uns an den Händen und verabschiedeten uns. Die Sonne, die sich vorher hinter dicken Wolken versteckt hatte, brach für einen kurzen Moment bei unserem letzten Abschied durch.

Ich kehrte am nächsten Tag nachmittags nach New York zurück. Siggie saß am Boden und blickte mich aus seinen seelenvollen goldenen Augen an; er wartete darauf, daß ich ihn dazu ermutigte, heraufzukommen und bei mir zu sitzen. Daphne war nicht so respektvoll. Da sie mich schon länger kannte, wußte sie, daß sie ihre üblichen Forderungen anbringen konnte. Sam und Frederick kämpften, und Sam trug den Beweis, daß er verloren hatte, an seinem

Schwanz. Natascha ging zum Wäschebeutel, suchte eine schmutzige Socke aus und miaute, während sie sie durch die Wohnung zerrte und sie selbstlos zu meinen Füßen niederlegte. Wie gut das Leben war – voller Freundlichkeit und Instinkt, Liebe und dreckiger Socken.

Ich hatte noch zwei Tage, bevor ich an die Arbeit zurückkehrte. Ich hatte zwei Tage, um intensiv zu fühlen und mich liebend zu erinnern, zwei Tage, um die Dinge zu teilen, die er geliebt hatte, und dann loszulassen. Die Liebe würde bleiben und sich täglich in den Lebewesen ausdrücken, die mein Leben teilten. Sobald ich an die Arbeit zurückkehrte, würden die Anforderungen und Gewohnheiten meines Alltags wieder im Vordergrund stehen. Es würde keine gemeinsamen Erinnerungen geben, denn hier kannte ihn keiner. Keiner hier bemerkte, daß er fort war.

Im September schrieb ich mich am Hunter College für einen Kurs in Mikrobiologie ein. Ich hatte das Hunter mit einem Magister in Englisch abgeschlossen und danach meine Studien in Graduiertenkursen fortgesetzt. Als ich begann, als Forschungsmitarbeiterin in der Onkologie tätig zu werden, merkte ich, daß sich mein Interesse auf die Naturwissenschaften verlagert hatte. Meine Mutter erinnerte mich daran, daß ich als Kind an den Naturwissenschaftsprojekten meines Bruders gearbeitet hatte. Sie interpretierte meine Begeisterung im Rückblick als eine frühere Neigung zu diesem Gebiet. Ich glaube, ich genoß die Herausforderung, ein Problem zu lösen, doch noch mehr wollte ich, glaube ich, meinem großen Bruder gefallen.

In der Schule hatte ich fakultative Naturwissenschaftskurse vermieden. Erst als ich zwei, drei Jahre im Center arbeitete, erkannte ich mein Bedürfnis und mein sich entwickelndes Interesse an Naturwissenschaften.

Ich war mit Medikamenten und ihrer Dosierung vertraut geworden, lernte, für welchen Krankheiten bestimmte Medikamente besonders wirksam waren, konnte Symptome erkennen und Probleme bei der Behandlung voraussehen. Wenn die Onkologen ihre Visiten machten, war ich dabei. Ich hörte zu, wenn sie jeden Fall diskutierten, und lernte, was sie aus der Krankengeschichte und den Symptomen schlossen, welche Tests sie forderten, um eine Diagnose aufzustellen, und was die Diagnose in Hinblick auf das Leben des Tieres bedeutete. Und dann las ich über jede Krankheit, über mögliche Behandlungen und Komplikationen, die durch die Behandlung auftreten konnten, las über ähnliche Krankheiten und Therapien bei Menschen. Ich abonnierte medizinische und onkologische Zeitschriften. Doch ich las mit einem Verständnis, das sich lediglich auf meine immer noch beschränkte klinische Erfahrung gründete.

Ich hatte einen Punkt in meiner wissenschaftlichen Laufbahn erreicht, an dem ich entscheidende Hintergrundinformationen brauchte. Ich versuchte schwierige fortgeschrittene Konzepte zu begreifen, ohne die Grundlagen gelernt zu haben. Deshalb beschloß ich, abends zu studieren. Ich hatte kein besonderes Ziel im Sinn, außer daß ich soviel wie möglich über mein neues Gebiet lernen wollte. Jedes Semester schrieb ich mich in einen der Kurse ein, die ich vorher in meiner akademischen Laufbahn vermieden hatte. Ich begann mit Biologie.

Der Mikrobiologiekurs, den zu besuchen ich mich entschlossen hatte, fand einmal in der Woche montags statt, an meinem freien Tag. Er beinhaltete eine zweistündige Vorlesung mit einem dreistündigen Laborteil. Ich genoß es zu studieren und freute mich besonders auf die wöchentliche Laborarbeit.

Das Labor war meine Gelegenheit zu begreifen, was ich in den Vorlesungen gelernt und mir gemerkt hatte. Ich wollte lernen, um dieses Wissen auf meine Arbeit anzuwenden. Ich konnte auf Prüfungen hin studieren, ich konnte meine Labortechniken vervollkommnen, doch der wahre Wert meines Studiums wurde offenbar, wenn ich wegen meiner Bemühungen etwas bei der Arbeit begriff. Wenn ich einen Artikel las, der sich auf einen Test bezog, den ich im Labor vorgenommen hatte, hatte ich das Gefühl, daß ich Fortschritte machte.

9. Kapitel

Arbeit und Studium ließen die Herbstwochen schnell vergehen. Ende Oktober bekamen meine Katzen irgendwie einen Virus der oberen Atemwege. Natascha, Daphne und Siggie blieben gesund, doch Sam und Frederick wurden ziemlich krank. Infektionen der oberen Atemwege (URI) sind unter Katzen höchst ansteckend. Sie werden durch die Luft übertragen und hängen nicht von direktem Kontakt zwischen den Tieren ab. Obwohl ich darauf achtete, meine Hände jedesmal zu waschen, wenn ich mit einer kranken Katze umging, hatte ich den Virus wahrscheinlich auf meinen Kleidern nach Hause gebracht.

Niesen, laufende Nasen, rote verweinte Augen. Fredericks Nase war so angeschwollen, daß er durch das Maul atmen mußte. Die Katzen konnten kein Futter riechen und mochten nicht allein fressen. Ich wollte die Stationskatzen nicht gefährden, weshalb ich die beiden Männchen, die endlich etwas gemein hatten, zu Hause behielt. Sam sprach schnell auf die Behandlung an und begann bald wieder allein zu fressen. Bei Frederick war die Sache ernster. Er fühlte sich erbärmlich, war jedoch ein wunderbarer Patient. Ich fütterte ihn, gab ihm Tropfen, um eine Dehydrierung zu verhindern, dazu Tropfen für die Augen und Antibiotika für den Fall, daß er eine weitere bakterielle Infektion bekam. Tagelang kämpften wir darum, ihn stabil zu halten, zu verhindern, daß er schwächer wurde. Es war ein froher Tag, als er Babyfutter von meinem Finger leckte. Wir hatten den Wendepunkt erreicht. Ich ging zur Arbeit und war das erstemal seit zwei Wochen wieder optimistisch.

Die Sprechstunde begann früh, und ich hatte wenig Zeit, über meinen Privatpatienten nachzudenken. Mir war durch das Fehlen von Sorge fast leicht im Kopf.

Als ich ins Büro kam, sprach Audrey über einen neuen Patienten.

»Sie will ihn einschläfern lassen, doch es ist die Katze ihres Mannes, und er ist auf Geschäftsreise.«

»Wer ist es, Audrey?« fragte ich.

»Die Katze heißt Rasputin. Ich habe ihr gesagt, daß wir versuchen würden, ihm zu helfen, während sie sich mit ihrem Mann in Verbindung setzt, doch die Katze ist wirklich in einem schlechten Zustand. Warte, bis du ihn siehst.«

»Leukämietest positiv?« fragte ich.

»Ja, und blaß wie ein Geist. Ich glaube, wir werden ihn in einen Käfig stecken, und ich möchte, daß du einen Katheter für seine Bluttransfusion anlegst, wenn du nichts dagegen hast. Ich helfe, zu halten.«

»Glaubst du, er kann warten, bis du Zeit hast?«

»Nun, er hat schon so lange gewartet, und ich will nicht, daß er mit jemand anderem kämpft.«

Ich trug den jungen schwarzweißen Kater in seinen Käfig. Er schrie, als ob er Schmerzen hätte, doch er war so schwach, daß er sich nicht rühren konnte. Ich rief Audrey und fragte sie, ob sie ihm ein intravenöses Medikament zur Schockbehandlung geben könnte, während er auf sein Blut wartete. Sie stimmte zu, daß er sich dadurch vielleicht besser fühlen würde. Er wehrte sich nicht gegen die Nadel und blieb ruhig, während ich ihm langsam das Medikament verabreichte. Ich dachte, er würde jeden Moment sterben.

Sobald Audrey frei war, führte ich den Katheter in seine Halsader ein, und wir entnahmen für das Labor Blutproben. Er lag still in seinem Käfig, als sie ging, und bekam die Bluttransfusion. Ich saß neben ihm und strich mit meinem Finger über die weißlichen Polster seiner rechten Vorderpfote. Seine Krallen umschlossen meinen Finger. Ich wollte, daß er wußte, daß jemand bei ihm war. Während er dalag, pinkelte er auf die Pappe unter ihm und hatte nicht die Kraft, um sich von diesem Fleck wegzubewegen. Ich hob ihn hoch und wechselte sie aus. Als ich ging, hatte er sich immer noch nicht gerührt.

»Nun, zumindest haben wir alles getan, was wir können«, sagte ich zu Audrey, als wir das Gebäude verließen.

»Nun liegt es an ihm«, erwiderte sie. »Hat er schon besser ausgesehen?«

»Er hat mit diesem klagenden Miauen aufgehört, vielleicht fühlt er sich ein bißchen besser.«

Am Donnerstag nachmittag, zwei Tage nach seiner Ankunft, las ich in Rasputins Bericht die Bemerkung, daß er deprimiert sei. Als ich jedoch die Käfigtür öffnete, um mich neben ihn zu setzen, kam er sofort und hockte sich auf meinen Schoß.

»Na, Rasputin, hast du rausgefunden, was mit diesem einen Tag in deinem Leben passiert ist? Ich glaube, du hast ihn verloren, und wir haben dich fast verloren.«
Er schnurrte und rollte sich, schlüpfte von meinem Schoß und kletterte dann wieder hinauf. Ich streichelte seinen strahlend weißen Bauch, und er blickte mich aus verträumten Augen an, die weit weg zu sein schienen. Siggie-Augen nenne ich sie.
»Du hast an jenem Tag nicht gedacht, daß das Leben so schön sei, oder? Und jetzt sieh dich an. Die Tage sind einfach nicht lang genug für all das, was du aufholen willst.«
Schließlich beschloß er, daß er Hunger habe, und kletterte von meinem Schoß hinunter, um zu fressen. Ich leerte sein Katzenklo und suchte nach Audrey.
»Audrey, du mußt dir Rasputin ansehen.« Ich erzählte ihr von seinen Fortschritten.
»Das ist eine ziemlich bemerkenswerte Reaktion«, stimmte sie mir zu. »Aber wie lange wird sie anhalten?«
»Ich weiß, bis er noch eine Transfusion braucht, und dann noch eine«, gab ich zu. Seine Prognose war düster, und am Ende würde er eingeschläfert werden müssen.
An diesem Nachmittag sah ich Rasputin das letztemal. Er wurde später an jenem Tag eingeschläfert, weil seine Besitzer es so wollten. Am nächsten Morgen nahm ich einen Teller Futter und meinen Kaffee für unseren morgendlichen Rundgang. Als ich zu seinem Käfig kam, war die Tür offen und der Käfig leer.
Ich war froh, daß Rasputin wenigstens noch zwei glückliche Tage bei uns gehabt hatte. Und ich war erleichtert, daß er nicht mehr leiden mußte. Ich würde nicht mit ansehen

müssen, wie er allmählich immer dünner und schwächer wurde. Die Erinnerung an unsere gemeinsamen Tage ist kostbar. Wir waren uns so nahe gekommen, und ich bin sicher, daß er mir vertraute. Ich wäre am Ende bei ihm gewesen, wenn ich es gewußt hätte. Ich wollte, daß seine letzten Augenblicke mit einem Freund verbracht wurden, nicht mit einem Arzt, den er nicht kannte. Ich wollte, daß er bei jemandem war, der ihn liebte.

Ich habe gesehen, wie Katzen über lange Monate Bluttransfusionen bekommen haben. Der erste Zeitraum konnte zwei Monate dauern, doch der Abstand zwischen den Transfusionen wurde immer kürzer, bis zwei Wochen zu lang wurden. Die Wirkung der ersten Transfusion war oft dramatisch, verringerte sich jedoch mit der Wiederholung. Die Katze und der Besitzer akzeptierten einen sich verschlechternden Lebensstil, während sich jede Bluttransfusion als weniger wirksam als die vorherige erwies.

Ich erinnere mich an eine Katze, die über einen Zeitraum von sechs Monaten zweimal auf dramatische Weise wiederbelebt wurde. Blut und Steroide hatten den Kater gerettet und ihm ein angenehmes Leben wiedergegeben. Seine dritte Krise trat während der drei Stunden auf, in denen er eines Tages allein gelassen wurde. Er war am Morgen aktiv gewesen und hatte zum Frühstück normal gefressen. Als seine Besitzerin für ein paar Stunden fortging, schlief er ruhig auf seinem Stuhl. Als sie wiederkam, war er tot. Ich habe immer das Gefühl gehabt, daß er seine Zeit mit Absicht gewählt hatte. Sie hatte ihn zweimal gerettet, indem sie ihn ins Krankenhaus gefahren hatte.

Bei diesem drittenmal überzeugte er sein Frauchen davon, daß es ihm gutgehe, und starb, wo er es wollte, nämlich zu Hause.

Ein Besitzer brachte seine Katze über Monate hinweg für mehrere Transfusionen zu uns. Der Zustand des Tieres verschlechterte sich langsam, als es zu einer weiteren Transfusion kam. Der Besitzer war fort, und ein Freund ließ die Katze nach der Behandlung im Krankenhaus zurück. Drei Tage lang fraß sie gut, sprach auf freundliche Behandlung an und schien sich wohl zu fühlen. Der Besitzer sollte am Ende der Woche zurückkommen. Am vierten Tag verschlechterte sich ihr Zustand rapide, und wir hielten sie weiter am Leben, während wir auf Nachricht von ihrem Besitzer warteten. Wir wollten empfehlen, sie einschläfern zu lassen.

Solange die Katze fraß, hatte ich das Gefühl, daß sie noch leben wollte. Als sie am vierten Tag das Futter verweigerte, hatte sie einen Wendepunkt erreicht. Trotz unserer Unterstützung reagierte sie nicht. Sie schien sich mit jedem Tag, den ich bei ihr verbrachte, mehr zurückzuziehen. Am sechsten Tag stand sie langsam von der Matte auf und ging vorne zum Käfig, wo ich saß. Sie legte sich nieder, und ihr Kopf ruhte auf meiner Hand. Damals dachte ich, daß sie sich vielleicht kräftiger fühlte, doch als ich sie am nächsten Morgen tot in ihrem Käfig fand, erkannte ich, daß sie sich verabschiedet hatte.

Ich arbeite in einem sehr speziellen Bereich. So viele Patienten, die wir sehen, haben nur noch eine beschränkte Lebenszeit vor sich. Ich weiß im voraus, wie wenig Zeit vorhanden ist, um sie zu lieben und es ihnen angenehm zu machen. Ihr Leben ist mir sogar noch mehr wert, denn sie müssen, wenn sie sterben, das Gefühl haben, daß sie geliebt werden. Am nächsten Dienstag morgen kam ich zu spät, und Chico überzeugte mich davon, daß er noch nichts gefressen habe. Als ich seinen Teller auf den Boden stellte, kam Audrey herein.

»Ich habe ihn heute morgen gefüttert«, sagte sie.

»Chico schwört, du habest es vergessen.«

»Da irrt sich Chico.«

»Für ihn ist es eine Frage der Interpretation«, erklärte ich.

»Das ist es für ihn immer, wenn er unrecht hat«, erwiderte sie.

Er hatte fertiggegessen, sprang auf ihren Schreibtisch und starrte ihr kühn ins Gesicht.

»Verrückte Katze«, murmelte sie und streckte die Hand aus, um seinen Hals zu tätscheln. Er stupste sie an und hüpfte vom Schreibtisch und hinaus aus dem Büro, gerade als Jay hereinkam.

»Wie geht's Frederick, Sam?«

»Super. Er will unbedingt all die Mahlzeiten nachholen, die er versäumt hat. Er hat sogar den Fehler begangen zu versuchen, Siggies Abendessen zu fressen!« Ich lächelte, als ich an den sanften Siggie dachte, der fast alles teilen würde – einen Stuhl, das Bett, sogar mich, aber nicht sein Abendessen.

»Eine ziemlich zähe Katze«, bemerkte Jay. »Und was macht das Monster?« fragte er dann, als Chico um die Ecke spähte.

»Ihm geht's so gut, daß ich es hasse, ihn zu behandeln«, sagte Audrey. »Aber ich habe Angst, es nicht zu tun.«

»Was meinst du damit?«

»Wir scheinen es mit den Medikamenten einfach nicht zu schaffen, sobald das Geschwür wiederkommt.«

»Aber wir hatten doch Erfolge mit der weniger häufigen Therapie«, entgegnete Jay.

»Ich will bei Chico einfach kein Risiko eingehen.«

Es gab Katzen, die alle drei Wochen ihre Behandlung bekamen und krankheitsfrei waren. Wir hatten den Zeitraum zwischen den Behandlungen bei jedem Fall aus anderen Gründen ausgedehnt, und bis jetzt hatten sich bei keinem Probleme ergeben. Doch Chico war immer noch unser am längsten Überlebender. Wir hatten ihn vor vierzehn Monaten das erstemal gesehen. Es war aufregend, wenn ein Tier länger als unsere voraussichtliche Durchschnittszeit lebte. Doch dies rief auch neue Fragen hervor. Hier gab es keine Präzedenzfälle, denen wir folgen konnten, und es war auch nicht möglich, sich auf die Humanmedizin zu beziehen, ohne Zugeständnisse zu machen. Die Lebenserwartung einer Katze liegt bei sechzehn bis fünfundzwanzig Jahren, und wegen der Größe einer Katze mußten wir ständig von unseren außergewöhnlichen Patienten lernen; wir wollten aber nicht auf ihre Kosten lernen. Wir beschlossen, Chicos wöchentliche Behandlungen fortzusetzen.

Linda, meine Katzenbabysitterin, arbeitete im zweiten Stock. An einem Dienstag im November rief sie an und fragte, ob ich ihr bei einer anämischen Katze auf ihrer Station helfen könnte. Die Katze brauchte einen Halsschlagaderkatheter für eine Bluttransfusion. Linda machte sich Sorgen, daß sich die Katze durch zuviel Einschränken zu sehr aufregen könnte. Wir riefen uns in regelmäßigen Abständen wegen Problemkatzen an, weil wir ähnliche Techniken hatten, um sie festzuhalten. Wenn die Katze einen Augenblick abgelenkt werden konnte, ging die Sache schnell vonstatten. Linda hatte die »Maus-im-Haus«-Geschichte erfunden, und nun hatten wir eine ganze Anzahl von Episoden. Wir waren der Meinung, daß es eine wirksame Technik war, leise mit der Katze zu reden, um ihre Aufmerksamkeit zu erlangen und sie stillzuhalten. Ich ging hinunter, um zu helfen, und legte die Transfusion an, die langsam tropfte.

»Spotty zählt die Tage bis Thanksgiving«, berichtete sie. Das war ihre orange-weiße Tigerkatze.

»Kentucky Fried Chicken?«

»Nein, nein. Meine Tante macht einen besonderen Beutel mit Fressen für Spotty mit einer Auswahl aus Truthahnstücken!« erklärte sie.

»Ohne Knochen, nehme ich an.«

»O ja. Sie mag Spotty.«

Ich ging wieder hinauf, um einiges von der Arbeit aufzuholen, die ich an diesem Nachmittag vernachlässigt hatte. Während ich im Büro saß, dachte ich Chico miauen zu hören, konnte ihn jedoch weder im Büro noch im Flur finden. Er klang so, als wäre er in der Nähe, dann wieder weiter entfernt. Schließlich hörte ich ihn gar nicht mehr.

Audrey und Greg waren schon fort, und ich ging hinunter in die Cafeteria, um Kaffee zu trinken. Als ich im vierten Stock ausstieg, stand eine Menschenansammlung vor dem anderen Aufzug.

»Was ist los?« fragte ich.

»Eine Katze steckt über dem Aufzug fest. Die Klapptür stand offen, und sie muß dort hinaufgesprungen sein.«
Ich hatte das schreckliche Gefühl, daß ich Chico gefunden hatte.
»Können sie an ihn ran?«
»Jedesmal, wenn sie versuchen, ranzukommen, faucht er und zieht sich zurück.«
Ich bahnte mir einen Weg nach vorne und betrat den Aufzug. Mr. Stinson sah mich von dem Stuhl herunter an, auf dem er stand.
»O nein«, begrüßte er mich, »sagen Sie mir nicht, daß das da oben Chico ist!«
»Es ist eine vage Möglichkeit, Mr. Stinson. Darf ich mal gucken?«
Ich stellte mich auf den Stuhl, konnte die Klapptür in der Decke jedoch nicht erreichen. Ich stemmte mich, die Füße auf seinem Rücken, gegen die Wand, während Mr. Stinson mich hochhob. Ich leuchtete mit der Taschenlampe in die Dunkelheit hinein.«
»Chico«, lockte ich, »bist du das, Chico?«
»Miau«, antwortete er.
»Was tust du denn da, Chico?« fragte ich und versuchte ruhig zu bleiben. Er machte ein paar Schritte auf mich zu.
»Können Sie ihn packen?«
»Fast. Komm etwas näher, mein Engel, ich bin nicht böse.«
»Sie ist nicht böse!« hörte ich von unten murmeln. Der Rücken des armen Mr. Stinson mußte inzwischen weh tun. Ich langte nach Chico, und er hatte Zeit, meinem ungeschickten Zugriff zu entkommen, doch ich glaube, er war des Spiels müde oder wollte nach Hause. Unter Beifall

kamen wir heraus, aber in Wahrheit hatte Mr. Stinson das meiste Lob verdient.

An einem Freitagabend Anfang Dezember, als ich den Müll durch die Hintertür des Gebäudes hinaustrug, in dem ich wohnte, hörte ich Miauen. Ich entdeckte schließlich die Quelle, eine grauschwarze Katze, die die Mülleimer durchwühlte. Sie war neugierig, aber nicht zutraulich. Zwar kam sie näher, wollte sich jedoch nicht von mir streicheln lassen. Ich lief nach oben, um ihr Futter zu bringen. Sie verschlang es, und danach durfte ich sie streicheln. Dann sprang sie über den Zaun und verschwand in der Dunkelheit.

Als ich am nächsten Tag von der Arbeit heimkam, schaute ich im Hof nach, ob ich sie bei hellem Licht erkennen konnte. Es war nichts von ihr zu sehen. Ich dachte, sie sei vielleicht eine Nachtkatze, und beschloß, später nach ihr zu suchen.

Unsere Routine am Samstagabend zu Hause bestand darin, daß ich mich durch die dicken Seiten der *Sunday Times* durcharbeitete. Natascha schlief gerne auf dem ungelesenen Stapel und erlaubte mir, ihr Nickerchen zu unterbrechen, um dann und wann einen Teil wegzunehmen. Daphne zog es vor, zwischen die Seiten zu kriechen und alles anzugreifen, was sich über ihrem Tunnel bewegte. Siggie entledigte sich der Teile, mit denen ich fertig war, indem er sie nach Clancy-Art zerfetzte.

Sam und Frederick machten nicht mit, sondern saßen am anderen Ende des Zimmers und blickten sich an, bis beide einschliefen.

An diesem Samstagabend nahm ich Futter mit, als ich

hinausging, um die Sonntagszeitung zu kaufen. Da ich die Katze nicht sah, ließ ich es am gleichen Ort zurück. Es war ein trüber Abend, und in der Ferne ertönte Donner. Die *Times* traf später ein als sonst, und während ich wartete, erfüllten die Wolken ihr Versprechen, und es begann zu regnen. Als ich wieder in meiner Wohnung war, fand ich einen Pappkarton, den ich nach unten zu meinem neuen Schützling trug. Sie fraß das durchweichte Futter und miaute, als sie mich erblickte. Sie setzte sich in den Unterschlupf, den ich ihr zur Verfügung stellte, bis ich mich bewegte, um ihr Futter zu bringen. Da folgte sie mir. Nachdem das Futter im Karton war, stieg sie wieder hinein, und ich stand auf, um ins Haus zu gehen. Es goß in Strömen. Sie miaute und folgte mir erneut. Ich zeigte ihr den Karton, während sie sich an meinem Bein rieb.

Rasch lief ich nach oben, um den Katzenkorb zu holen, und meine Katzen verschwanden, als sie ihn sahen. Ich kehrte zurück und fand sie im Karton. Sie lief mir zur Begrüßung entgegen. Der Donner grollte und kam immer näher. Ich brachte sie zum AMC, impfte sie, fütterte sie, und nachdem ich ihr versprochen hatte, ein gutes Heim für sie zu finden, ließ ich sie schlafend auf der Station zurück.

Am Dienstag war sie ihren grauen Regenmantel losgeworden und nun eine glänzende schwarzweiße Katze. Ihr Name, beschloß ich, war Sadie.

Da Weihnachten näher rückte, arbeitete ich daran, meinen der Jahreszeit entsprechenden Geist zu entwickeln. Es war unmöglich, sich nicht an die Ereignisse des Vorjahres zu erinnern. Dieses Jahr würde es Weihnachten ohne Clancy geben.

Die Sprechstunde war vorüber, und ich schaltete das Licht an unserem Weihnachtsbaum aus, als die Telefonzentrale mich anpiepte.
»Samantha, hier ist Monica Cosgrove. Ich rufe Sie an, weil ich gestern abend meine Katze gebracht habe und ...«
»Mykonos?« unterbrach ich sie.
»Nein, Adam«, erklärte sie. »Er wurde plötzlich krank, und ich kann den Arzt bis zu den Telefonzeiten nicht erreichen. Ob Sie wohl für mich nach ihm sehen?«
»Natürlich«, beruhigte ich sie. »Ist er auf der Intensivstation?«
»Ja, sie haben sich gestern abend ziemliche Sorgen um ihn gemacht.«
»Wissen Sie, was los ist?« fragte ich.
»Sie dachten, es sei das Herz«, antwortete sie. »Er ist noch nie krank gewesen, und nun plötzlich ...«
»Lassen Sie mich nachsehen, und ich rufe Sie dann zurück.«
Ich suchte nach einem großen schwarzen Perser. Da ich ihn nicht finden konnte, sah ich in der Liste der Überweisungen und schließlich der Todesfälle nach. Cosgrove. Ich fand den behandelnden Arzt, und er rief gerade Monica an, um sie zu informieren. Ich beschloß, mich später bei ihr zu melden.
Als ich wieder in unserem Wartezimmer war, bewunderte ich den Baum. In diesem Jahr hatten wir versucht, was Besonderes für die Besitzer unserer Patienten zu schaffen, indem wir einen Baum aus getrockneten weißen Zweigen und bunten Lichtern machten. Der einzige Schmuck waren Umrisse, die ich aus Packpapier angefertigt hatte. Jeder Besitzer schrieb den Namen seines Tieres auf einen

Schmuck und hängte ihn an den Baum. Ich machte einen für Clancy. Es gefiel mir, zuzusehen, wie es jeden Tag mehr Schmuck wurde. Chico. Oliver. Tabby Rodolitz.

Sie kam zu ihrer jährlichen Untersuchung, und da sie, selbst auf drei Beinen, immer noch auf Bäume kletterte, hängten wir ihren Schmuck ganz noch oben, neben Clancys.

Ich sprach ein paar Tage später mit Monica Cosgrove und erzählte ihr von Sadie. Sie war so eine besondere Katze, daß ich mich besonders darum sorgte, einen Platz für sie zu finden. Doch mir war auch die Schwierigkeit bewußt, ein Heim für eine ausgewachsene Katze aufzutun. Kätzchen waren leichter unterzubringen. Aber Monica zögerte nicht. Sie wollte sie nicht mal sehen, bevor sie sich entschied. Sie erschien mit einem Tragekorb, um Sadie mitzunehmen. Sadie sah an dem Tag, als Monica kam, um sie abzuholen, makellos aus. Ich legte sie in den schwarz-roten Korb und versuchte das klagende Miauen nicht zu hören, als sie weggebracht wurde. Sie war einen langen Weg von der Straße gegangen – nun zog sie in die Fifth Avenue. Sie würde glücklich sein. Monica wählte einen weißen Schmuck für Mykonos und einen schwarzweißen für Sadie und hängte sie an unseren Baum.

Ich machte riesige Katzenminzemäuse für einige unserer Patienten. In den drei Wochen vor Weihnachten rollten und streckten sich meine Katzen zu Hause und suhlten sich in gestohlener Katzenminze. Während ich Stoff zuschnitt und nähte, drang Daphne in das Lagerhaus des kätzischen Ambrosia ein und trug es auf ihren Pfoten von Zimmer zu Zimmer, damit alle es mit ihr teilen konnten. Euphorie wurde bei den Katzen zum Normalzustand.

Am Weihnachtsabend überraschte ich sie mit noch mehr Katzenminzemäuschen, doch allmählich nutzte sich der Neuigkeitseffekt ab. Siggie bekam eine Maus zum Aufziehen, die er liebte und haßte. Wenn er sie über den Holzboden klappern hörte, raste er vom anderen Ende der Wohnung herbei, um sie zum Stehen zu bringen, indem er darauf schlug. Dann packte Siggie, den ihr sich immer noch drehender Gummischwanz in Wut versetzte, sie mit dem Maul und schüttelte sie. Schließlich, wenn sie einmal zuviel zum Leben erwachte, versteckte er sie.
Natascha schluckte ein Stück Lametta, das auf wunderbare Weise ihren Körper durchlief, ohne Schaden anzurichten. Von da an strichen wir Lametta aus unserer Dekoration. Alle nahmen ihren Platz auf dem Bett in der Weihnachtsnacht ein. Wir waren im Warmen, sicher und gesund. Ich schloß zufrieden die Augen und schlief ein.

Der Weihnachtsmorgen war die Zeit, in der wir Geschenke ausgetauscht hatten, als unsere Familie in Buffalo zusammengewesen war. So wie der Weihnachtsabend für mich etwas Besonderes war, so war der Weihnachtstag für Mom eine Zeit der Erinnerungen. Dies war ihr erstes Weihnachtsfest ohne Dad. Sie hatte sich einen vollen Stundenplan zurechtgelegt, besuchte Freunde und aß mit ihnen zu Abend, so daß ich sie früh am Morgen anrief.
»Habt ihr Schnee?« fragte ich.
»Es liegt viel am Boden«, antwortete sie, »und noch mehr kommt herunter. Ich wünschte, du wärst hier und könntest es sehen.«
Ich hatte vor, am nächsten Tag zu arbeiten, wollte in diesem Jahr die Ferien so kurz wie möglich halten. Mein

Abschlußexamen war in der ersten Januarwoche, und so nutzte sich meine freie Zeit zum Lernen. Ich hatte Moms Geschenk und Karte per Post geschickt, und ich rief an. Mein Bruder war bei der Familie seiner Frau, und er hatte Mom auch angerufen. Doch sie war allein. Ich hatte meine eigenen Bedürfnisse vor ihre gestellt. Sie hatte zu Hause sein wollen und hatte nicht auf meinem Besuch bestanden. Doch sie war allein, und ich hätte bei ihr sein sollen.

Oliver Cromwell war in der Woche vor Weihnachten gekommen, weil die Smiths eine Veränderung in seinem Verhalten bemerkt hatten. Er fraß noch gut, aber er war manchmal schlecht gelaunt, was für den sanften Oliver nicht normal war. Wir hatten Bluttests gemacht, die uns einen Hinweis auf körperliche Anormalitäten geben sollten, doch alle Tests waren in Ordnung. Wir hielten es für ein Warnsignal, konnten ihn jedoch nur beobachten und abwarten. Nun, drei Wochen später, war Mrs. Smith wieder da.

»Er hat in den letzten Tagen nicht gut gefressen«, begann sie. Ich streichelte ihn, als er auf dem Untersuchungstisch saß. »Und er ist ziemlich empfindlich, gar nicht wie sonst.« Während sie sprach, fauchte er und begann leise zu grollen. Ich glaube nicht, daß ich ihn jemals zuvor hatte fauchen sehen.

»Nun«, erklärte Dr. Hayes nach einer flüchtigen Untersuchung, »seine Nieren sind sehr vergrößert und unregelmäßig.«

»Aber konnte das denn so plötzlich passieren?«

»Ich vermute, er hat es uns schon vor drei Wochen gesagt, aber es war zu früh, um sie zu entdecken.«

»Was, glauben Sie, ist es, Dr. Hayes?«
»Ich fürchte, daß er ein Lymphosarkom in den Nieren hat. Aber lassen Sie uns ihn ins Krankenhaus bringen und noch mehr Bluttests und Röntgenaufnahmen machen, und dann fangen wir mit einer Tropfentherapie an.«
»Lymphosarkom? Hatte Clancy das nicht?« Mrs. Smith richtete die Frage an mich.
»Ja«, antwortete ich und erinnerte mich daran, wie ähnlich sie sich waren.
»Wir müßten die Ergebnisse heute nachmittag haben, und dann sprechen wir über den nächsten Schritt.«
»Wird er hier oben bleiben?« fragte sie und sah mich an.
Ich lächelte. »Natürlich behalten wir ihn bei uns. Er gehört zur Familie.«
»Aber er ist nicht mehr er selbst. Er ist zur Zeit mieser Laune, der arme Oliver.«
»Um so mehr also wie Familie. Wir sehen meistens seine beste Seite. Er darf schlecht gelaunt sein, wenn er sich nicht gut fühlt.«
Oliver blieb auf der Station H. Eine Absaugbiopsie seiner Nieren bestätigte die Diagnose eines Lymphosarkoms. Wir verabreichten ihm weiter Tropfen, um seine Nierenfunktion zu regulieren, und begannen mit der Behandlung seiner Krankheit. Drei Tage später war er wieder freundlich und fraß gut. Er war bereit, nach Hause zu gehen.
Ich dachte in diesen Tagen, als Oliver bei uns war, oft an Clancy. Oliver machte mich traurig und wütend, denn er war eine meiner Stützen gewesen, die mich daran erinnerte, daß manche unserer Langzeitpatienten der Krankheit widerstanden. Neun Jahre lang war er normal geblieben,

und drei dieser glücklichen Jahre hatten wir mit ihm geteilt. Er hatte länger ausgehalten als Clancy, doch nun war sogar er unterlegen. Als er kräftiger wurde, wurde ich es auch, obwohl ich mir Sorgen machte, weil Clancy in meiner Erinnerung immer noch so lebendig war. Ich teilte diese Ängste, diese Gefühle mit niemandem. Es schien keine Antwort zu geben.

10. Kapitel

Mein neues Jahr begann im Januar, als eine neue Stationskatze in mein Leben trat.
Sie kam für so kurze Zeit, schlich sich in mein Leben und versteckte sich, kaum bemerkt, im Schatten meiner Anerkennung. Ich kann nicht sagen, an welchem Tag ich sie zum Herumlaufen hinausbrachte oder gar warum, nur daß ihre Schüchternheit mich ansprach. So winzig, so ängstlich, so langsam, was die Anpassung an den Status einer eingesperrten Katze anging. Ich entsinne mich nicht einmal, wie und wann ich sie wiederfand. Ich erinnere mich, daß sie verschwand, sich an irgendeinem unbekannten Ort versteckte, einer der Orte, der uns beiden bald so vertraut werden sollte.
Daß sie ein Teil meines Lebens wurde, passierte auf so natürliche Weise, daß ich gar nicht aufpaßte. Und dann, ganz plötzlich, begann mein Tag, wenn ich in ihren Käfig sah und sie miaute und ans Gitter lief. Sie war nicht länger in meinem Schatten, sondern war nun selber mein Schatten und wartete geduldig, während ich Behandlungen beendete; dann stolzierte sie neben mir durchs Wartezimmer ins Büro.
An Sprechstundentagen saß sie an der Tür und sah zu, wie

die Patienten kamen. Anders als Clancy war sie eine Zuschauerin. Sie beobachtete, bis jemand sie bemerkte, und dann suchte sie Unterschlupf. Gelegentlich machte sie einen Ausflug zum Aufzug oder begleitete mich die hundert Meter zur Toilette. Anschließend begab sie sich zu einem abgeschiedenen Platz und schlief zufrieden. Sie wählte eine Schublade, manchmal das Fensterbrett oder einen Schrank und oft ihren Korb.

In diesen Monaten blühte sie auf. Obwohl sie immer noch schüchtern war, wagte sie sich in den Klinikbereich, besuchte Patienten, betrat und verließ die Kabinen unter den Trennwänden hindurch, bis sie mich fand. Ihr Name war Fledermaus, weil sie wie eine aussah mit ihrer Hasenscharte und einer schmalen Furche in der Mitte ihrer platten Nase.

Sie kam während einer Zeit der Isolierung in mein Leben. Die Bedürfnisse der Onkologiegruppe liefen nicht zusammen, und unser gemeinsames Ziel war einzig der Patient. Nur auf diesem Niveau kommunizierten wir miteinander. Jay hatte eine neue Position im Cornell angetreten. Er war in der Abteilung eine zentrale Figur gewesen. Sein Operationsplan verband ihn mit dem Rest des Krankenhauses, während wir im achten Stock uns oft isoliert fühlten. Er schien auch unsere eigene zerfaserte Abteilung zu verbinden. Wir waren alle sehr unterschiedlich, Menschen, die sich in irgendeinem anderen Aspekt ihres Lebens wahrscheinlich nicht gefunden hätten. Unser Interesse am Krebs und unsere gemeinsame Sorge um die Patienten verband uns und trennte uns in gewisser Weise auch vom übrigen Krankenhaus. Nun, da Jay fort war, schien die Trennung schmerzlicher zu sein.

Ich vermißte ihn schon. Ich hatte mich auf ihn verlassen, seinem Urteil über all unsere Patienten vertraut, Siggie eingeschlossen. Auch gefühlsmäßig hatte ich mich auf ihn verlassen. Obwohl wir selten von Gefühlen sprachen, schienen wir beide sie zu akzeptieren und das Schweigen zu respektieren, das diese oft beherrschte und stützte.
Wir hatten am Morgen seines letzten Tages zusammen in der Sprechstunde gearbeitet, und danach sollte er operieren. Beide taten wir so, als ob es ein Tag wie jeder andere wäre. Als ich an diesem Nachmittag das Gebäude verließ, wußte ich, daß ich ihn nicht wiedersehen würde. Doch good bye zu sagen war zu endgültig. Es zerstreute alle anderen Möglichkeiten. Statt dessen schrieb ich ihm einen Brief, und am nächsten Morgen, als ich zur Arbeit kam, fand ich eine Nachricht von ihm.
Jedes Mitglied unserer Abteilung versuchte die Konflikte und Probleme beiseite zu schieben, die Erwartungen und Enttäuschungen, die mit dem täglichen Leben einhergingen. Schließlich beeinflußten unser Verhalten und unsere Entscheidungen andere Leben. Der Patient muß immer an erster Stelle kommen und stets unsere volle Aufmerksamkeit erhalten. Unsere erste Pflicht ist die gegenüber dem Patienten, doch unsere Verantwortung erstreckte sich auch auf den Besitzer.
Wie konnte der Besitzer, der uns um Hilfe ersuchte, wissen, was unser Leben an diesem Morgen bereits berührt hatte, welche Last jeder von uns trug? Es war keine Frage der relativen Bedeutung, wessen Last nun schwerer war. Die Krankheit seiner Katze war das Wichtigste in seinem Leben, und das Wohlergehen seiner Katze mußte für uns genauso wichtig sein.

Wenn ein Haustier krank ist, belastet eine ständige Bürde uns den ganzen Tag lang. Manchmal sind wir uns dessen nicht einmal bewußt, bis sie von uns genommen wird, wie ein ständiger Kopfschmerz, der ein Teil unserer normalen Gefühle wird. Erst wenn der Schmerz gelindert wird, erkennen wir, wie unangenehm er war.
Bei meiner Arbeit im Krankenhaus schien es manchmal so, als ob der Schmerz der Krankheit andauerte und nur der Gegenstand meiner Sorge sich änderte. Ich versuchte die Trennung zwischen Zuhause und Arbeit aufrechtzuerhalten, doch wenn jemand aus meiner Familie krank war, wurde meine Sorge ein untrennbarer Teil von mir. Einmal kam ich drei Tage hintereinander zur Arbeit und mußte entdecken, daß ein Patient unerwartet gestorben war. Zu Hause beobachtete ich meine Katzen, schaute zu, wie sie fraßen, einander putzten und schliefen. Ich sah zu, wie sie im Schlaf atmeten, und schlief mit der Hand auf Daphnes Herz ein.
Für die anderen Mitglieder unserer Abteilung ist es sicher genauso schwer gewesen. Sie hatten alle selbst Tiere zu Hause, und wenn sie krank waren, muß es so gewesen sein, als gäbe es keine Erleichterung.
Meine eigenen Bedürfnisse schienen sich nun verändert zu haben. Es war, als ob ich nur noch in meiner Funktion existierte; das, was ich war, was ich nicht war, und meine Gefühle über die Lücke dazwischen waren nicht existent.
Zuhause und Arbeit glichen einander nicht mehr aus. Die feine Linie, die ich gezogen hatte, schien mein Leben nun in zwei getrennte Bereiche zu teilen. Wenn ich zu Hause war, wollte ich dort bleiben. Da fühlte ich mich wohl und

gebraucht. An manchen Tagen fürchtete ich mich morgens davor, zur Arbeit zu gehen. Die Tiere zogen mich dann aus der Wohnung heraus und ins Center. Ich ging widerstrebend und fürchtete Enttäuschung oder Versagen.

Nur Fledermaus, zunächst voller schüchterner Neugier, wagte sich auf die kalte Oberfläche meiner eingefrorenen Gefühle und hinterließ sanfte Pfotenabdrücke auf der glatten Fläche. Bewußt und liebevoll erfüllte mich meine stille Freundin mit solch einer Sehnsucht nach der Welt außerhalb von mir, daß ich das Fenster öffnete, um sie zu berühren. Wie Wurzeln der Pflanzen im Frühling auftauen müssen, so kribbelten meine Sinne und erwachten. Meine Sicht fokussierte sich durch ihre Augen, und die Freude manifestierte sich in ihren Lebenszeichen.

Ich hatte eine Freundin in der Außenwelt gefunden, die mir vertraute und mich liebte, jemand, der mich bewußt auswählte und mich ganz akzeptierte, jemand, der mich brauchte. Ich hatte eine Freundin gefunden, die darauf wartete, daß ich den Zeitpunkt festlegte, die mich nicht zwang, aktiv zu werden oder zu sprechen, die nicht versuchte, mein Leben zu verändern, damit sie ihre Rolle leichter finden könnte. Sie liebte mich einfach und vertraute mir. Und ich in meiner Unfähigkeit, die Hand auszustrecken, mein Gefühl des Verlustes, meine Ängste, meine Enttäuschungen mitzuteilen, ich brauchte diese winzige, sechs Pfund schwere Fledermaus. Sie versetzte mich pausenlos in Entzücken. Ich öffnete eine Schublade, und drinnen war sie. Wenn ich im Untersuchungsraum neben einem Patienten stand, fühlte ich, wie sie an meinem Bein entlangstrich, oder ich sah ihren Schwanz und ihre Hinterbeine, während sie sich wieder unter die Trennwand quetschte, wenn sie einen Hund im Raum vorgefunden hatte.

Greg rief mich eines Dienstagmorgens in sein Büro, und Maus folgte mir schüchtern hinterher. Ich saß auf dem Stuhl bei der Tür, und sie setzte sich mir gegenüber mit dem Fluchtweg im Blick. Sie beäugte Greg wachsam, als sie sich zu mir schlich.

»Ich habe gestern versucht, Fledermaus Blut zu entnehmen«, gestand er. Beim Klang ihres Namens erstarrte sie. »Duerrel hat sie festgehalten, und sie wurde ganz aufgeregt, so daß er sie losließ. Danach konnten wir sie nicht mehr einfangen.«

Ich lächelte über meinen kleinen sechs Pfund schweren Schrecken. »Wieviel brauchst du?« fragte ich.

»Ungefähr zwölf Milliliter«, antwortete er.

»Wir werden uns darüber beraten und dann zu dir zurückkommen«, sagte ich und stand auf. Fledermaus sprang voraus.

In regelmäßigen Abständen Blut zu spenden, war als Insasse von Station H eine von Fledermaus' Aufgaben. Sie war eine Katze, die sich beim Leukämietest als positiv erwiesen hatte und die uns aus einem großen Katzenhaushalt geschenkt worden war. Wir benutzten ihr Blut nicht für Transfusionen, sondern zur Kontrolle, um festzustellen, ob ein Labortest richtig funktionierte. Als sie zu uns kam, mußte sie ruhiggestellt werden, bevor wir selbst kleine Mengen Blut entnehmen konnten. Jetzt jedoch hatten wir eine Abmachung getroffen. Sie blieb still, wenn ich sie hielt, während eine andere Person das Blut entnahm. Doch wir waren beide ungeduldig – nur ein Versuch wurde gestattet.

Als sie kühner wurde, schlief sie oft in dem Pappkarton, in dem wir unsere kleinen Spritzen für die Sprechstunden aufbewahrten. Sie waren eingepackt, um Sterilität zu gewährleisten. Wir zogen vorsichtig jeweils eine Spritze heraus, wie ein Mikadostäbchen, um ihren Schlaf nicht zu unterbrechen. Doch sobald Greg hereinkam, flog sie wie eine Fledermaus durch den Raum und in ihre Schublade. Er bat mich nicht mehr, sie in ihren Käfig zu bringen, und er konnte sie nicht einfangen.

Fledermaus und ich wuchsen zusammen und wurden beide stärker und sicherer; und wir wurden voneinander abhängiger. An jenen grauen Nachmittagen, wenn die Dunkelheit früh herankroch, saßen meine Freundin und ich im leeren Wartezimmer und sahen zu, wie der Regen fiel. Ab und zu spazierte Maus über das Fensterbrett, um ihre Krallen an der Rinde zu schärfen, die den belaubten grünen Philodendron stützte. Von unserer Festung im achten Stock aus konnten wir die glitzernden Regentropfen aus der Fifty-ninth Street Bridge und den dunklen, kalten Fluß unter uns sehen. Der Tag war vorüber, doch wir hatten immer noch morgen.

Chico mit seiner großen, schlanken Wildheit war auf Maus nicht eifersüchtig. Ich glaube, er vermißte Jay, vor allem am Wochenende. Audrey hatte keine Wochenendausflüge unternommen, so daß Chico sich auf das Center beschränken mußte. Doch er fühlte sich sicher in seiner Umgebung und hatte nicht viel Zeit, die er mir widmen konnte. Er war zu sehr mit dem Leben beschäftigt und erschöpfte sich jeden Tag ganz mit Absicht.

Das Frühlingssemester im Hunter begann im Februar,

und ich schrieb mich für eine weitere Vorlesung und Labor ein. Die Vorlesung in Zellbiologie wurde an zwei Abenden in der Woche abgehalten. Ich schaffte es wieder, den Laborkurs am Montag zu nehmen. An manchen Nachmittagen studierte ich, während Maus zusammengerollt auf meinem Schoß lag, oder ich lernte zu Hause, wo Daphne es sich auf meinem Buch bequem machte und Siggie meine Aufzeichnungen zerfetzte. Nur Natascha bestärkte mich in meinen wissenschaftlichen Bemühungen, indem sie respektvoll auf dem Bett schlief.

Ich war an die üblichen Ablenkungen zu Hause gewöhnt. Sam und Frederick sangen mir von der Küche aus eine Serenade vor. Ihr Gesang klang hoch und monoton und war ein warnendes Vorspiel zu dem Kampf, der fünf Minuten später folgen würde. Indem ich mit den Füßen aufstampfte und von dem Zimmer aus, in dem ich lernte, ihre Namen rief, konnte ich den drohenden Kampf abwenden, ohne meinen Stift niederlegen zu müssen.

Ich war nicht daran gewöhnt, die Wohnung mit einem Gast zu teilen. Mary und ich hatten uns in der Restaurantbranche kennengelernt. Bevor ich zum Center kam, hatte ich im Friday's gearbeitet, einem Restaurant in der Gegend, wo ich auch weiterhin an Sonntagen jobbte. Mary war Kellnerin, Hosteß und stellvertretende Geschäftsführerin in verschiedenen Restaurants gewesen. Sie war Künstlerin und verließ ihre Arbeit oft, um zu malen. Im Laufe der Jahre verabschiedete ich sie nach Woodstock, Martha's Vineyard, Paris und Indien. Ende März rief mich Mary vom Kennedy Airport an. Sie war gerade nach zwei Jahren in

Paris zurückgekehrt. Zuletzt hatten wir Weihnachten voneinander gehört, und sie hatte nicht erwähnt, daß sie heimkommen würde.

»Ich kann es nicht erwarten, dich zu sehen«, sagte ich.

»Ich bin in weniger als einer Stunde da.«

Mary kam mit zwei Koffern und zog in das vordere Zimmer. Wir trugen die Matratze ins Wohnzimmer, und Mary schlief dort auf dem Boden. Ich benutzte das Feldbett im Schlafzimmer.

Mary wollte unsere Freunde im Restaurant besuchen, und so feierten wir ihre Rückkehr, indem wir ausgingen. Eine Woche später feierte Mary immer noch und hatte mich nach der zweiten langen Nacht zu Hause gelassen. An manchen Abenden merkte ich noch, wenn sie früh, so gegen zehn Uhr, nach Hause kam. Sie kroch unter die Decken auf der Matratze, schlief eine Stunde und zog dann wieder los.

Die Katzen stoben auseinander, wenn sie durch die Wohnung lief. Die Absätze ihrer Schuhe klapperten auf dem Holzboden, und sie ging schnell. Nur Daphne akzeptierte Mary eher als eine Herausforderung denn als eine Bedrohung. Daphne lief ein paar Schritte vor Mary her und blieb dann plötzlich stehen. Unweigerlich stolperte Mary, und Daphne verschwand unter dem Bett.

Mary hatte eine wunderbare, rauhe Stimme. Sie sprach wenig, doch tat sie es, dann mit häufigen emotionalen Ausbrüchen, bei denen ihre Stimme fast eine Oktave anstieg. War sie glücklich, erregt oder überrascht, schrie sie, und wenn sie schrie, verschwanden die Katzen. Sam blieb manchmal bei ihr auf der Matratze, doch nur, solange er sicher war, daß sie schlief. Daphne lief nachts hin und

zurück über ihren Körper, als ob Mary ein Hindernis auf Daphnes Rennstrecke wäre.
Manchmal, wenn ich morgens zur Arbeit ging, fand ich Marys Schlüssel noch außen an der Wohnungstür. Es war leicht, wütend auf Mary zu werden, doch es war schwer, wütend zu bleiben.
Eines Nachmittags im April kehrte ich vom Center heim, und keiner kam mir an der Tür entgegen. Mary war normalerweise nachmittags zu Hause, doch noch überraschter war ich, daß die Katzen mich nicht begrüßten. Keine. Die Wohnung war ruhig. Ich ging langsam durch die Räume ins Wohnzimmer und spürte, daß etwas nicht stimmte. Als ich das vordere Zimmer erreichte, sah ich Mary auf der Matratze liegen. Der bis zur Decke gehende Katzenbaum war neben ihr auf dem Boden. Einen Augenblick blieb ich stehen und starrte sie nur an. Ich entdeckte kein Blut.
»Mary«, flüsterte ich, »Mary?«
In diesem Moment lief Daphne die Rückenlehne des Armsessels auf das Kissen hinauf und sprang auf Marys Rücken. Mary schrie auf und fing an zu lachen. Daphne verschwand in das mit Teppichen ausgelegte Abteil des wieder aufgestellten Katzenbaums.
Ich habe nie die Geschichte gehört, wie der Baum gefallen ist, doch da er danach nie wieder umfiel, nehme ich stark an, daß Mary damit zu tun hatte. Sie ergriff die Gelegenheit, mir einen kleinen Streich zu spielen, doch Daphne lachte zuletzt. Glücklicherweise wurde niemand verletzt, und allmählich sah man auch die anderen Katzen wieder. Außer Siggie. Der arme Siggie hatte Angst, daß, wenn er sich bewegte, etwas anderes passieren könnte, so daß ich ihn unter dem Bett hervorlocken mußte.

Mary und ich hörten schließlich auf zu lachen und kamen zu dem Schluß, daß sie einen Job brauchte. Im Mai zog Mary in die Stadt, und ich begann für mein Abschlußexamen am Ende des Monats zu lernen.

Als der Kurs vorbei war, rief mich Mary an, um mir zu erzählen, daß sie eine Katze habe. Ich hatte Mary nie ermutigt, ein Haustier aufzunehmen, weil ich nicht glaubte, daß sie diese Verantwortung wollte. Manchmal verließ Mary die Stadt innerhalb weniger Stunden, und eine Katze könnte ihre Spontaneität behindern. Ich wußte, daß Mary niemals ein Tier schlecht behandeln würde, doch ich fragte mich, ob jemand, der seine Schlüssel in der Tür steckenließ und sie dann stundenlang suchte, daran denken würde, die Katze zu füttern und das Katzenklo zu wechseln.

Auf meinem Weg zu ihrem neuen Wohnungsgenossen stellte ich mir ein robustes Männchen vor, das beim Abendessen kühn auf dem Küchentisch saß. Ich stellte mir einen Kater vor, der gähnte und weiterschlief, nachdem er von Marys Ausbrüchen geweckt worden war, einen Kater, der geschickt und kräftig genug war, um nicht von Marys tödlichen Absätzen angegriffen zu werden.

Ich saß drei Stunden neben Mary, bevor ich ein Fellknäuel an mir vorbeiflitzen sah. Tiffany war ein zartes, langhaariges Weibchen, das beim Klang eines Niesens Schutz suchte. Doch irgendwie kamen sie zurecht, und Tiffany versäumte nie eine Mahlzeit. Sie schlief auf Marys Bett und lief nur selten über eines von Marys Aquarellen.

11. Kapitel

Die Tage wurden wärmer, als Audrey und ich wieder einmal mit Chico über Nacht nach Fire Island fuhren, und wir konnten erneut das Haus des Freundes benutzen. Diesmal fuhren wir mit Chico am Samstag nach der Arbeit. Es war warm im Auto, und Chico warf sich ständig gegen die Seiten des Tragekorbs, weshalb ich die Leine an seinem Halsband festmachte und ihm erlaubte, seine Umgebung zu erforschen, bis er zum fünftenmal versuchte, sich aufs Gaspedal zu setzen. Danach wurde er auf den Rücksitz verbannt.

Er lief schwankend von einer Seite auf die andere, während Audrey die Spur wechselte. Als sie wegen der Mautstelle langsamer wurde, glitt er zu Boden. Ich stellte den offenen Korb auf den Sitz, und schließlich ließ er sich nieder, doch er war erst wieder froh, als wir uns auf der Fähre zur Insel befanden.

Die Wettervorhersage für Sonntag versprach einen sonnigen Tag am Strand. Ich plante, in diesem Jahr in der Sommerschule Integralrechnung zu nehmen, und dieser Ausflug würde wahrscheinlich für den ganzen Sommer reichen müssen. Der Unterricht wurde viermal in der Woche abends abgehalten, und an den Wochenenden würde mir nichts anderes übrigbleiben, als zu lernen. Ich freute mich darauf, einen ganzen Tag an einem leeren Strand liegen zu können.

Wir kauften etwas zu essen in der Stadt, bevor wir zum Haus hinausfuhren. Chico hatte Hunger und schlief nach dem Fressen auf der Couch im Wohnzimmer ein, während wir fernsahen. Audrey ging ins Bett, und mich übermannte der Schlaf auf dem Sofa. In der Nacht setzte sich Chico auf, streckte sich und sprang hinunter, um sich Audrey in ihrem Zimmer anzuschließen. Ich schaltete den Fernseher aus.

An dem Morgen nach unserer Ankunft war ich gerade in der Küche und kochte Kaffee, als ich Audrey schreien hörte.

»Samantha!« kreischte sie.

Ich lief in ihr Zimmer und sah sie sich aus einem jetzt gitterlosen Fenster hinauslehnen.

»Er ist weg!« rief sie. »Ich habe gesehen, wie es passierte, und konnte es nicht glauben. Chico ist weg.«

Das Haus war von dichten Wäldern umgeben. Ich packte etwas Roastbeef ein, und wir begannen draußen mit unserer Suche. Büsche, Bäume, hohes Gras. Wie sollten wir ihn je finden?

Als ob sie meine Gedanken lesen könnte, fragte mich Audrey: »Was sollen wir tun? Wir können ohne ihn nicht zurück. Soll ich Greg anrufen? Ich schaffe es nicht, Greg anzurufen und ihm zu sagen, daß wir Chico verloren haben. Was sollen wir tun, Samantha?«

Greg hatte uns davor gewarnt, Chico auf einem unserer Ausflüge zu verlieren. Er warnte uns, nicht weil er dachte, wir seien unachtsam, sondern weil er wußte, wie schlau Chico war.

»Wir werden weitersuchen. Er ist hier irgendwo, Audrey.«
Sie lachte.

Ich weiß nicht, wie lange wir suchten, wie lange er still dasaß und unsere wachsende Sorge beobachtete, doch Chicos Freude schloß immer Mitmachen ein. Er war kein Zuschauer. Schließlich erlaubte er Audrey, ihn zu entdecken, aber er war noch nicht bereit, sich fangen zu lassen. Er saß, wo wir ihn nicht erreichen konnten, geschützt durch Unterholz und dorniges Gestrüpp, und wartete auf einen Anreiz, aufzutauchen. Ich packte das Roastbeef aus. Er nahm die Belohnung an.

Die Sonne war hell und warm und lud uns an den Strand ein, doch man konnte Chico nicht trauen. Im Haus war es mit geschlossenen Fenstern und Türen zu heiß, und wir würden uns wahrscheinlich sowieso den ganzen Tag um ihn Sorgen machen. Wir nahmen die nächste Fähre zurück aufs Festland.

Nach der Sprechstunde an einem Donnerstag Ende Juni ging ich hinunter in die Röntgenabteilung, um Chico zu holen. Wir röntgten ihn routinemäßig alle drei Monate. Das Röntgenbild war wieder normal.

»Das ist eine seltsame Katze, die ihr uns da geschickt habt«, bemerkte einer der neuen Techniker.

»Wer, Chico?« fragte ich unschuldig.

»Er scheint nicht zu denken, daß er eine Katze ist«, meinte er.

»Nun, Chico hat normalerweise recht, aber wir wissen nicht, wie wir ihn sonst nennen sollen«, erklärte ich.

Ich ließ Chico im Büro und ging durchs Wartezimmer, als ich von Maus begrüßt wurde.

»Sie hat nach Ihnen gesucht«, sagte Mrs. Firpo. Ihre Katze, Stripes, lehnte sich in ihrem Tragekorb zurück. Ich freute mich, ihn zu sehen. Er war vor zwei Jahren bei uns im Krankenhaus gewesen, als wir seine Leukämie diagnostizierten und mit der Behandlung begannen. Er war daran gewöhnt, die Dinge auf seine Weise zu machen, und sobald er uns das einmal zu verstehen gegeben hatte, akzeptierten wir bereitwillig seine Vorschläge. Seine Weise war meistens leichter und besser sowieso.

Indem wir ihm alle zwei Wochen kleine Mengen Blut von einer leukämieimmunen Katze verabreichten, hatten wir fast zwei Jahre lang eine Remission erzielen können. Wir hatten diese Therapie an vielen anderen Katzen ausprobiert, ohne dieselbe Reaktion zu erreichen. Stripes war in vieler Hinsicht eine besondere Katze.

»Wir sehen dich ja kaum mehr«, bemerkte ich. »Jetzt, da du dich besser fühlst, brauchst du uns nicht mehr, stimmt's?«

»Es geht ihm so gut, Sam. Alle drei Wochen jetzt nur noch, und zu Hause ist ihm nie schlecht. Schauen Sie nur, wieviel er zugenommen hat.«

»Wenn ich es nicht besser wüßte, könnte ich denken, das wäre Fett.« Ich lächelte und schaute auf den gesprenkelten Tiger in seinem offenen Tragekorb. Er rollte sich auf den Rücken.

»Nein, ich sehe, das sind alles Muskeln!«

»Sie sieht wirklich gut aus«, sagte Mrs. Firpo und streckte langsam die Hand aus, um Fledermaus auf meinem Schoß zu streicheln. Sie hatte einen guten Instinkt für Katzen, und Maus rührte sich nicht. »Sie versteht sich besser mit Menschen.«

»Nun, nicht mit allen Menschen«, erwiderte ich und spürte ihre Anspannung, als Greg Mrs. Firpo in die Kabine rief. Wir lachten beide. »Wir fahren an diesem Wochenende mit Audrey in den Playboy Club.«
»Ich wußte nicht, daß sie Tiere zulassen.«
»Ich glaube auch nicht, daß sie das tun.«

Es war ein warmer Julinachmittag. Als die Sprechstunde vorbei war und unsere Krankenhausfälle sich stabilisiert hatten, waren wir der intensiven Sonnenhitze entkommen. Audrey und ich packten das Auto für die kurze Fahrt nach New Jersey. Ich hatte Freitag abend im Restaurant gejobbt, damit ich den Sonntag freihatte. Das machte ich nicht oft, weil der Wechsel bedeutete, daß ich bis vier Uhr morgens am Samstag arbeiten mußte.
Fledermaus saß in ihrem Korb und ahnte nichts von dem zukünftigen Abenteuer. Sobald sie jedoch im Auto war, verlor sie ihre Lässigkeit.
Scharfe, durchdringende Schreie ertönten aus dem Korb. Maus miaute selten, doch wenn sie es tat, nahm das die Form eines Quiekens an. Ich hob sie heraus, und sie versuchte unter den Sitz zu entwischen. Sie ließ sich nicht beruhigen und keuchte in der Hitze. Ich hatte einen Waschlappen mitgenommen und betupfte ihr Fell, um sie kühl zu halten. Schließlich ließ sie sich in ihrem Korb nieder.
»Ich glaube, sie fühlt sich jetzt wohler«, sagte ich zu Audrey, die sich auf den Verkehr konzentrierte. »Ihr gefallen die Autobahnen besser als die Straßen von New York.«
»Da kann ich ihr keinen Vorwurf machen. Zwischen den

Taxis und Schlaglöchern gibt es nicht viel Platz zur Erholung.«

Es war eine Fahrt von neunzig Minuten bis zum Vernon Valley und dem Great Gorge von New Jersey. Es wurde kühler, und die Straßen wurden hügeliger, als wir uns dem Playboy Club näherten.

»Wie, meinst du, sollten wir uns am besten verhalten?« fragte ich Audrey, die während der Skisaison oft im Club gewohnt hatte. »Bist du sicher, daß sie keine Haustiere erlauben?«

»Nein, aber sie könnten etwas mißtrauisch werden, wenn wir jetzt fragen.«

»Stimmt«, erwiderte ich, »und das Ganze ist sowieso schon schwierig genug.«

»Nun, sie ist jetzt ruhig. Hoffen wir, daß sie beschließt, so zu bleiben.«

»Müssen wir beide durch die Halle gehen?«

»Ich glaube, wir parken zuerst das Auto, und dann melde ich uns an, besorge den Schlüssel und hole dich am Auto ab.«

»Das klingt gut. So habe ich Zeit, sie unter dem Sitz hervorzuholen.«

»Sie ist doch nicht ...«

»Gerade eben.«

Wir bogen auf das Gelände ein und folgten ein paar Autos zum Ankunftsbereich. Die Leute vor uns stiegen aus, und ein Wärter fuhr mit dem ersten Wagen fort.

»Parken durch einen Hausdiener!« rief Audrey aus. »Das hatten sie doch noch nie. Wir müssen hier ausladen.«

»Haben wir eine Wahl?«

»Samantha, er lädt die Autos aus. Wo ist sie?«

»Ich habe meine Hand auf ihr, aber wo ist er?«

In dem Augenblick ging die Tür auf, und der Portier begann das Gepäck herauszunehmen.

»Oh, das trage ich«, erklärte ich und griff mit der freien Hand nach dem Korb.

»Hallo, schön, Sie wiederzusehen. Sie sind seit letztem Winter nicht mehr hiergewesen, oder?« Er hatte Audrey erkannt, und sie lotste ihn vom Auto weg, während ich nach Maus angelte. Sie hatte sich ausgestreckt, so daß sie nicht auf die gleiche Weise hervorkommen konnte, wie sie unter den Sitz gekommen war. Ihr Kopf war erhoben, ihr Rücken gekrümmt, ihre Beine steif. Endlich geschafft und im Korb. Wir betraten die Halle.

»MIAU!« kreischte mein kleiner Korb. Ich sah mich um wie alle anderen auch und versuchte die Quelle des Schreis zu entdecken.

»Audrey, ich glaube, ich setze mich in diese kleine abgeschiedene Lounge, während du uns anmeldest.« Sie hatte mich bereits nach dem ersten Miau verlassen, und ich eilte in die Lounge.

Wir saßen im Halbdunkel der Lounge. In den Augen der Fremden war ich eine Gestalt, die sich über einen Korb beugte und leise und beständig mit sich selbst sprach. Audrey kam mit dem Schlüssel zurück. Der Hotelpage war schon vorausgeeilt, und wir begannen den langen Gang zu unserem Zimmer. Wir sprachen auf den Fluren und im Einkaufsbereich laut und brachen in hysterisches Gelächter aus, wenn Maus quiekte. Sie wurde lauter, wir ebenfalls. Der Page wartete am Aufzug, und während Audrey ihm meine Klaustrophobie erklärte, steuerte ich mit meinem Korb auf die Treppe zu.

Vom Treppenhaus aus beobachtete ich, wie der Page den Flur hinunter zurück zum Aufzug ging. Ich klopfte an die Tür.

»Er konnte nicht begreifen, was mit dir passiert war, warum du uns nicht hier getroffen hast. Deshalb habe ich ihm gesagt, du müßtest langsam Treppen steigen. Das Herz, du weißt schon.«

Fledermaus stürzte aus dem Korb heraus und unter das Bett. Ihre Scheu dauerte ungefähr zwei Stunden. Wir packten unsere Taschen aus und sahen uns im Fernsehen ein Tennisspiel an. Ich fand einen Ball für Maus und rollte ihn unters Bett. Keine Reaktion. Wieder und wieder rollte ich den Ball und war von diesem Spiel faszinierter als von dem im Fernsehen. Schließlich änderte ich meine Taktik und rollte ihn direkt meinem Partner unter dem Bett zu. Sie schubste ihn zurück. Kurz darauf tauchte Fledermaus aus ihrer Höhle auf.

Das Zimmermädchen klopfte, und Maus lief ihr entgegen. Wir lehnten die Extrahandtücher ab. Ich war müde, da ich in der Nacht zuvor gearbeitet hatte, und wir beschlossen, unser Abendessen zusammen mit Fledermaus auf unserem Zimmer zu uns zu nehmen. Sie war sehr begierig darauf, den Room-Service-Kellner kennenzulernen, der uns unser Essen brachte. Da ich wußte, wie sehr sie unsere Gänge auf die Toilette im Center genoß, lockte ich sie ins Badezimmer, als er kam.

Zauberhafte Maus! Sie schien sich gut an die Veränderung ihres Tagesablaufs zu gewöhnen. Was war das für uns für eine neue Freude! Wir saßen auf meinem Bett und schauten fern oder dösten – Dinge, die wir nie zuvor zusammen getan hatten. Ich hob das Laken und lockte sie hervor.

Unglückliche Maus! Sie mußte sich wie in der Falle gefühlt haben, da sie entfloh und sich unter dem Bett versteckte. Eine Stunde lang flehte ich sie an, mir wieder zu vertrauen. Sie gab mir noch eine Chance und schnurrte neben mir auf dem Bett. Doch am meisten erinnere ich mich daran, wie ich ins Zimmer kam und sie dort an der Tür warten sah. Sie konnte nicht stillsitzen, war so voller Freude über sich, über uns, über den Augenblick. Ich weiß nicht, wie sie die Zeit allein verbrachte. Ich denke, daß sie schlief, denn sie war so voller Energie und Vitalität, wann immer ich sie erspähte, daß dies zu intensiv war, um anzudauern.
Die Sommerkurse begannen an dem Dienstag nach dem 4. Juli. Wir fuhren rechtzeitig zu meinem Unterricht zurück in die Stadt.

Am Mittwoch dieser Woche mußten wir wieder ins Center. Als Audrey hereinkam, fraßen Chico und Fledermaus gerade.
»Ich glaube, wir hätten Chico mitnehmen sollen«, meinte Audrey.
»Wir konnten nicht beide mitnehmen, Audrey, und es war Maus' erstes Abenteuer außerhalb des Krankenhauses.«
»Ich weiß, aber Chico mag mich lieber.«
»Fledermaus mag dich auch. Sie ist nur schüchtern, das weißt du doch. Sie hat lange gebraucht, bis sie angefangen hat, mir zu vertrauen. Sie ist ganz anders als Chico.«
»Ja. Er mag mich.«
Ich wußte, daß Audreys Gefühle verletzt waren, weil Maus vor ihr weglief. Aber ich wußte auch, daß Audrey sich

Maus' schmerzlicher Schüchternheit bewußt war und daß sie dies nicht wirklich als eine persönliche Zurückweisung auffaßte. In Wahrheit jedoch zog sie Chicos Gesellschaft vor. Ich schloß einen Kompromiß.
»Beim nächstenmal ist er dran.«
Er ging auf Audreys Schreibtisch zu, wahrscheinlich um während der Sprechstunde ein Nickerchen zu machen.
»Vergiß nicht deine Behandlung heute, Chico«, erinnerte sie ihn. Er verließ das Zimmer.
Ich begab mich ins Wartezimmer und wußte, es würde ein schöner Tag werden. Mrs. Smith und Oliver waren da.
»Es geht ihm wirklich gut, Samantha«, sagte Mrs. Smith.
»Sollte er nicht in Maine sein?«
»Wir fahren dieses Jahr spät. Doch ich werde am Ende des Sommers länger bleiben, deshalb hat er nichts dagegen«, erklärte sie.
Greg untersuchte Oliver, während ich neben ihm auf dem Tisch saß und ihn streichelte.
»Seine Nieren scheinen in Ordnung zu sein«, meinte Greg, als er mit der Untersuchung fertig war. »Sie sind klein, und nur die rechte fühlt sich etwas unregelmäßig an. Ich denke, wir sollten mit seiner Behandlung anfangen.«
»Ja«, stimmte ich zu. »Er muß noch einiges packen für seine Reise. Und Sie brauchen doch auch Medikamente für den Sommer, oder?«
Wir behandelten ihn, und er hielt sich mit den Vorderpfoten am Tischrand fest, als wir ihm eine Spritze ins Hinterbein gaben. Er knurrte und fauchte nicht. Als Greg den nächsten Patienten in die Kabine rief, schrieb ich Olivers Behandlungsplan für den Arzt in Maine auf.

»Sam, du mußt dir diesen Kater ansehen«, meinte Greg, als er das Büro nach einer ersten Untersuchung betrat. »Seine Milz ist vergrößert, und der überweisende Tierarzt berichtet von einer hohen Anzahl von weißen Blutkörperchen. Der Kater hat Durchfall, und er verliert an Gewicht. Laß uns ein EKG machen und nach Mastzellen suchen.«

Das Vorhandensein dieser Art von Zellen würde die Diagnose eines Mastzellentumors bestätigen, was die Krankheit der Katze von Leukämie unterschied. Die Symptome konnten ähnlich sein.

»Haben wir einen Leukämievirus bei ihm?« fragte ich.

»Negativ, aber wir wollen noch einmal testen.«

»Lassen wir ihn im Krankenhaus?«

»Nein. Deshalb möchte ich, daß du ihn kennenlernst. Er ist siebzehn« – Greg lächelte – »und er heißt Sam.«

Sam war eine rostfarben und weiß getigerte Katze. Sein Gesicht war weiß, und als Kontrast dazu begann an der äußeren Ecke eines jeden Auges ein orangefarbener Streifen. Seine Nase schien so breit zu sein, wie Siggies lang war. Seine weit auseinanderstehenden Augen waren grünlich mit goldenen, rostfarbenen Flecken. Er war groß und lang und war vor seiner Krankheit offenbar eine noch viel größere Katze gewesen. Der Geruch nach Durchfall war offensichtlich, doch Sam war immer noch anspruchsvoll, was das Putzen anging. Was für ein vornehmer alter Gentleman! Er leistete gegen jede Einschränkung Widerstand, und so hob ich nur sein Kinn, und Greg entnahm die Blutprobe aus Sams Halsschlagader.

Die Blutproben zeigten an, daß Sam Leukämie hatte. Er kam wieder in die Sprechstunde für eine Knochenmarkentnahme, die die Diagnose chronischer lymphozytischer Leukämie bestätigte.

Sams Leukämie war ein Typ, den man bei Katzen selten sah. Er stand nicht in Beziehung zu der Krankheit, die Katzenleukämie heißt, weil er nicht durch einen Virus verursacht wird, und er war nicht ansteckend. Sam war trotz seines Gewichtsverlusts noch in guter Form. Er hörte nie auf zu fressen; tatsächlich hatte er einen gierigen Appetit.

Wir begannen mit seiner Chemotherapie, die ihm zu Hause in Pillenform verabreicht wurde. Es dauerte lange, bis die Medikamente wirkten, doch innerhalb weniger Monate sahen wir an seinen Blutkörperchen eine dramatische Reaktion. Er wirkte noch kräftiger und fraß weiter gut. Sein Durchfall verringerte sich langsam.

Ich glaube, ich mag an Katzen am meisten das Alter. Kätzchen sind lustige, erschöpfende Energiebälle. Sie sind nicht leicht einzuschüchtern, quälen große Hunde und greifen die Zehen riesiger Menschen an. Sie sind unmanierliche Wesen, verlangen keinen Respekt und erweisen auch selber keinen. Das erste Fressen, der erste Gang zum Katzenklo, das erste Spielzeug – alles sind fröhliche Augenblicke der Zufriedenheit für den Besitzer.

Mit einer Katze hat man Jahre voller erster Erfahrungen. Jedes neue Heim, jedes zusätzliche Möbelstück, jeder neue Gast, der den Haushalt betritt – alles sind Momente, die durch eine neugierige Katze gewürzt und bereichert werden.

Doch die alte Katze fasziniert mich – die Katze, die ihre Vorlieben klargestellt hat, die knurrt, wenn ihre Routine gestört wird; die Katze, die zu ihrem Lieblingsstuhl geht und die jüngere Katze, die darauf sitzt, anstarrt, bis diese sich rührt; die Katze, die jahrelang dagewesen ist, die alle Stimmungen ihres Besitzers kennt; die Katze, die den Respekt ihres Besitzers verdient hat und ein wertvoller Freund und Gefährte geworden ist. Sam war so eine Katze. Sein Besitzer machte viele Reisen. Wenn er nicht in der Stadt war, kümmerte sich die Haushälterin um die drei anderen Katzen, Sam jedoch brauchte medizinische Betreuung, weshalb ein enger Freund jeden Tag in die Wohnung kam, um Sam zu behandeln und sicherzustellen, daß es ihm gutging. Ed hatte auch geschäftlich mit Sams Besitzer zu tun. Wenn beide nicht in der Stadt waren, wohnte Sam im Krankenhaus. Ich ließ ihn so oft wie möglich hinaus, doch er war furchtbar unglücklich in seinem Käfig und miaute jämmerlich, wenn ich abends ging.

Am letzten Abend von Sams zweitem Krankenhausaufenthalt rief mich Ed von Kalifornien aus an, um mir zu sagen, daß ihr Flugzeug Verspätung habe. Sie würden gegen Mitternacht in New York ankommen und hätten Sam dann gern noch abgeholt. Ich wollte auch, daß Sam nach Hause käme, weshalb wir es so einrichteten, daß sie Sam in meiner Wohnung holen würden, denn Tiere konnten nur bis halb zehn Uhr abends aus dem Krankenhaus entlassen werden.

Ich nahm Sam an diesem Abend mit nach Hause. Noch nie zuvor hatte ich einen Patienten mit heimgebracht, und keine der Katzen meiner Freunde war bei mir zu Besuch gewesen. Ich hatte Angst, meine Katzen einer der vielen ansteckenden Katzenkrankheiten auszusetzen, vom Leukämievirus oder Viren der oberen Atmungswege bis zu Bandwürmern oder sogar Flöhen. Sam war eine Ausnahme.

Seine Krankheit war nicht ansteckend, und sein Alter brachte mich dazu, eine meiner Regeln zu beugen.
Um elf Uhr klingelte das Telefon, und Ed informierte mich, daß der Flug noch einmal verschoben worden sei. Sam saß am Fenster und zerstörte methodisch meine Pflanzen. Er fraß. Nachdem er durch die Wohnung gewandert war, kehrte er zum Fenster zurück, ein erstklassiger Platz. Meine anderen Katzen beachteten ihn nicht, außer Daphne, die ihm überallhin folgte. Als ich um drei Uhr für eine Stunde einschlief, sprang Sam zu mir aufs Bett. Nur Natascha nahm ihren rechtmäßigen Platz zu meinen Füßen ein.
Um halb fünf Uhr morgens klingelte Ed an der Tür, und Sam kehrte nach Hause zurück. Von da an wohnte Sam bei mir, wenn die beiden nicht in der Stadt waren.

Chico sollte seine Behandlung bekommen, wenn die Sprechstunde vorüber war. Es war ein feuchter Julinachmittag. Ich saß da und beobachtete ihn, als er ins Büro zurückkam, nachdem er seine Spritze erhalten hatte.
»Audrey, schau nur, wie er geht. Er stolpert«, sagte ich, als er durchs Zimmer lief. Gerade versuchte er auf die Theke über ihm zu springen und fiel wieder auf den Boden zurück. Und das bei einer Katze, die selten ihr Ziel verfehlte.
»Ich glaube, er leidet unter einer Reaktion«, meinte Audrey und ging zu ihm hinüber.
Chico war verstört von dem Sturz und vielleicht auch etwas verlegen. Er machte *mff*, als Audrey ihn untersuchen wollte, und lief weg. Doch einige Minuten später schien es ihm wieder gutzugehen.

»Vielleicht ist es Zeit, seine Behandlungen auszudehnen«, meinte ich. Wir hatten schon vorher darüber diskutiert. »Es ist fast zwei Jahre her.«

»Nun, wir wissen aus seinem Röntgenbefund, daß er sich in Remission befindet«, gab sie zu. »Laß es uns eine Zeitlang noch jede Woche machen.«

Zufrieden mit dieser Entscheidung trabte Chico mit seiner Spielzeugmaus aus dem Büro.

»Ich frage mich, ob seine Schnurrhaare nachwachsen werden«, bemerkte ich. Eine der Langzeitwirkungen der Chemotherapie bei Katzen besteht darin, daß ihre Schnurrhaare nahe an ihren Schnauzen abbrechen. Die Therapie verursachte keinen weiteren Haarverlust, veränderte jedoch die Beschaffenheit des Katzenfells. Ihr Fell wurde weicher, wie ein Unterfutter.

Chico war immer noch ein wunderbar aussehender Kater. Seine gekürzten Schnurrhaare betonten seine aristokratische Nase und seine goldenen, mandelförmigen Augen. Sein Körper war gedrungen und lud sehr zum Schmusen ein, wenn er sich denn einfangen ließ. Chico wanderte, nun ohne Maus, zurück ins Büro. Als er an meinem Stuhl vorbeistrich, packte ich den nichtsahnenden Kerl und drehte ihn zu mir um. Da er einen Kuß voraussah, hielt er mein Gesicht auf Pfotenlänge von sich weg.

Der Sommer ging schnell vorbei, wahrscheinlich, weil meine Nächte von Integralrechnung erfüllt waren. Mathematik hatte ich immer geliebt. Ich hatte das Gefühl, daß Mathe, wie die Biologie, logisch sei. Die Begriffe waren, wenn sie auch zu Anfang schwierig waren, am Ende verständlich. Ich glaube jedoch nicht, daß ich jemals die

Integralrechnung begriff. Ich ging in jeden Kurs, erledigte die Hausaufgaben, absolvierte die Prüfungen und machte mich gut in dem Kurs. Doch ich begriff nie die Integralrechnung.

Mitte August endete der Kurs, und ich hatte das Gefühl, etwas vollbracht zu haben, auch wenn ich nicht sicher war, was es war. Ich freute mich so, meine Abende zu Hause zu verbringen, ohne mich gezwungen zu fühlen zu lernen. Ich bürstete die Katzen, schnitt ihre Krallen und putzte ihre Ohren aus. Natascha half dabei, Daphne und Siggie zu putzen. Frederick und Sam putzten sich selber.

Natascha und Daphne waren herzlich zueinander, jedoch keine Freundinnen. Bevor ich im Krankenhaus gearbeitet hatte, war Natascha meine einzige Katze gewesen. Ein Freund von mir versuchte ein Heim für einen Wurf junger Katzen zu finden. Ich sagte ihm, ich wolle diejenige, die aussah wie eine Daphne.

Daphne ist schwarzweiß mit einem runden, flachen Gesicht. Eine schwarze Maske bedeckt ihre Augen und zieht sich bis zu einem Punkt hoch auf ihrer Stirn. Ihren Hals umgibt eine weiße Halskrause. Ihre Brust und ihre vier Beine sind weiß, ihr Schwanz schwarz. Sie sieht wirklich aus wie eine Daphne.

Natascha akzeptierte sie in unserem Heim, putzte sie und teilte geduldig all ihre Besitztümer mit ihr. Manchmal, nach einem besonders anstrengenden Tag mit dem jungen Kätzchen, kam Natascha zu mir und ließ sich neben mir nieder, wie früher. Sie erlaubte Daphne, sich auf die Armlehne zu setzen oder sogar neben uns aufs Kissen, doch wenn Daphne versuchte, sie von ihrem rechtmäßigen Platz zu vertreiben, gab ihr Natascha eine Ohrfeige.

Bei jeder Katze, die sich unserem Haushalt anschloß, machte Natascha Zugeständnisse. Sie teilte das Bett, sie putzte den wachsenden Siggie. Doch wenn Natascha durchs Wohnzimmer zu meinem Stuhl lief, beugten sich ihr alle Katzen. Wir respektierten Natascha.
Natascha, die jeden Tag und bei jeder Laune von mir loyal blieb, war meine Freundin. Sie war immer da.

Wir waren friedlich und zufrieden zu Hause und genossen ereignislose Tage. Die Ruhe hatte sich bis in unsere Mitte ausgebreitet, und eine Zeitlang bestand meine wichtigste Entscheidung darin, was ich Maus und Chico füttern sollte. Chico schien sich gut an die längeren Zeiträume zwischen den Behandlungen zu gewöhnen. Ende August jedoch bemerkten wir, daß er eine leichte Gelbsucht hatte – sein Trommelfell war gelblich gefärbt. Wir entnahmen Blut für eine biochemische Analyse und entdeckten, daß seine Leber nicht normal funktionierte.
»Gut, was machen wir jetzt?« fragte Audrey, während sie sich die Ergebnisse der Blutuntersuchung ansah. »Ich bin sicher, daß diese Anomalien das Ergebnis unserer Behandlung sind.«
»Nun, wenn er die Katze von jemand anderem wäre«, erwiderte ich, »würdest du nicht empfehlen, ihn ins Krankenhaus zu bringen, und du würdest mit Infusionen bei ihm beginnen. Da er nicht gut frißt, würdest du ihm Kalium und Vitamin B zufüttern.«
»Aber das heißt ein Katheter in die Halsschlagader und Einsperren im Käfig.«
»Doch wahrscheinlich nur für ein paar Tage.«
»Das stimmt. Wenn er darauf anspricht, wird er bald wieder

draußen sein. Im Moment frage ich mich sowieso, wie sehr er seine Freiheit genießt.«

Vielleicht mit mehr Kenntnis und Bedauern als alle anderen, beschloß Audrey, Chico einige Tage einzusperren, um ihn für die künftige Prüfung zu kräftigen. Die folgenden Blutproben bestätigten, daß sich sein Zustand verbessert hatte.

Am Donnerstag morgen betrat ich die Station, um mit den Behandlungen zu beginnen. Chico lag tot in seinem Käfig. Den Tod hätte sich keiner von uns für diese ungezähmte Hauskatze gewünscht, die zwei Jahre ihres Lebens mit uns geteilt hatte, und nun war er allein und eingesperrt gestorben.

Doch seine drei Tage im Käfig wurden bei weitem aufgewogen durch seine Wochenenden mit Jay und seine Ausflüge nach Fire Island. Chico hatte das Beste gefordert, was wir ihm geben konnten. Ich glaube nicht, daß er enttäuscht wurde.

12. Kapitel

Es war das Labor-Day-Wochenende. Ich hatte den nächsten Tag freigenommen, und als ich zur Arbeit kam, wollte Maus nicht fressen.

»Fleder ist wütend auf mich«, erzählte ich Audrey, während ich mir einen Stuhl an ihren Schreibtisch heranzog.

»Sie ist vielleicht wütend, aber sie läßt dich nicht aus den Augen. Ich glaube, sie schmollt.«

»Hat sie gestern gefressen?« fragte ich.

»Ich weiß es wirklich nicht, Samantha. Wir haben sie nicht rausgelassen. Duerrel hat sie gefüttert, aber ich bin nicht sicher, ob sie gefressen hat.«

»Arme Maus, Tante Audrey hat dich nicht rausgelassen«, neckte ich.

»Tante Audrey kann sie am Abend nicht einfangen, um sie wieder in ihren Käfig zu stecken«, gab Audrey zurück. Das Telefon auf ihrem Schreibtisch klingelte, und Audrey hob ab, während Fledermaus auf meinen Schoß sprang. Sie blieb nur einen Augenblick und hüpfte dann auf den Boden zurück.

»Audrey«, unterbrach ich und zeigte auf meinen weißen Laborkittel, auf dem jetzt Blutflecken waren.

Sie lächelte, als sie auflegte. »Sie hat versucht, es dir zu sagen, seit du gekommen bist!« rief Audrey aus.
Fledermaus war ein nicht sterilisiertes Weibchen und hatte sich am Uterus infiziert. Die Behandlung bestand in einer Operation.
»Kein Wunder, daß sie nicht fressen wollte«, sagte ich. »Sie wußte, daß sie heute sterilisiert werden muß.«
»Schlaue Katze – ich rufe unten an und lasse sie einplanen.«
»Fledermaus wird operiert?« fragte Greg, der die letzten Sätze mitgekriegt hatte, als er hereinkam.
Während Maus im OP war, versuchte ich andere Dinge zu finden, die zu erledigen waren, um aus dem OP-Bereich wegzubleiben. Ich sah meine Post durch und entdeckte eine Karte von den Smiths. Oliver Cromwell und seine Familie genossen ihre Ferien in Maine. Sie würden bald wieder in der Stadt sein.
Wie viele weitere Sommer, fragte ich mich, konnten wir Oliver noch schenken? Sein Leben war nun normal, und wir waren dankbar für diese Verlängerung. Aber die würde nicht endlos sein. Wir sprachen selten über das unvermeidliche Ende, doch auch Mrs. Smith mußte sich an manchen Abenden die Frage gestellt haben, wenn sie auf der Terrasse über dem Meer saß – mit Oliver auf dem Schoß.
Fledermaus war noch benommen, als ich sie nach der Operation nach oben brachte. Ich hatte vor, sie eine Weile zu halten, aber sie erwachte aus der Narkose und wollte auf den Boden kriechen. Ich steckte sie in den Käfig, um ihre Bemühungen zu beschränken, und blieb dann lange Zeit da und beobachtete sie, bevor ich nach Hause ging.

Am nächsten Morgen war Maus aktiv und hungrig. Sie stolzierte vor mir her ins Büro, begierig, ihre Alltagsgewohnheiten wiederaufzunehmen und dabei mit dem Frühstück zu beginnen. Sie war scheu, was ihren kleinen Einschnitt anging, und erlaubte nur mir, ihn anzusehen. Doch am Samstag, als Sprechstunde war, war ihr Selbstvertrauen wiederhergestellt, und sie forderte die Herrschaft über das Büro. Eine Woche später war sie völlig geheilt, und ihr Fell wuchs nach. Sie blieb, bis die Sprechstunde gegen elf hektisch wurde, und zog sich dann zurück.

Samstag ist normalerweise unser geschäftigster Tag. Wir sehen dann nur Patienten zur Nachsorge, und davon manchmal an die fünfunddreißig. Dieser Morgen war typisch, mit mehreren Katzen mit Brustwarzentumoren. Einige der Katzen und ihre Besitzer waren alte Freunde. Monica Cosgrove brachte Mykonos, unseren Stammgast, und Sadie.

»Sie sehen beide wunderbar aus, Monica«, sagte ich. »Kommen sie miteinander zurecht?«

»Nun, wenn Mykonos nachgibt, ja«, antwortete sie.

»Eigenwilliges Weibchen!« flüsterte ich Sadie zu, während ich sie am Ohr rieb.

»Ich habe für nächsten Sonntag ein paar Freunde eingeladen. Können Sie kommen? Ich möchte, daß Sie diese beiden in ihrer natürlichen Umgebung sehen.«

»Ich würde gerne«, sagte ich, »sofern Sie es mit Sadie geklärt haben!«

Ich kam ins Büro, als Fledermaus aus der Schublade auftauchte.

»Sie ist auf«, verkündete Audrey.

»Dr. Fledermaus, Sie versäumen die Sprechstunde«, mahnte ich sie höflich.

»Ich glaube, sie ist scheu wegen ihrer Stiche und ihrer Frisur«, meinte Audrey.

»Vielleicht will sie sich spezialisieren. Du weißt schon, sich um die interessanteren Fälle kümmern?«

»Wollen wir das nicht alle?« erwiderte Audrey, die zu ihrem nächsten Patienten ging.

Später, als die Sprechstunde vorbei und unsere Krankenhausfälle versorgt waren, beschloß ich, Maus die Fäden zu entfernen.

»Sie ist gut verheilt«, sagte ich zu Audrey, die das Ritual beobachtet hatte.

»Wohin fährst du in den Ferien?« fragte sie.

»Ich weiß es noch nicht. Ich kann mich wegen Fledermaus nicht entscheiden. Einerseits will ich nicht ohne sie fahren, habe aber andererseits Angst, sie mitzunehmen.«

»Du denkst, wegen des Stresses der Reise? Ich meine, wenn sie dich vermißt, gibt's da auch einigen Streß für sie.«

»Ganz zu schweigen von meinem Streß, weil ich mich um sie sorge, wenn ich weg bin!«

Unsere Erfahrungen in der Sprechstunde haben uns gelehrt, die körperlichen und emotionalen Wirkungen einer breiten Skala von Ereignissen in Betracht zu ziehen, die wir zusammenfassen und als Streß bezeichnen. Wir versuchen bei unseren Patienten, die sich beim Test auf Katzenleukämie als positiv erwiesen haben, einen Status quo aufrechtzuerhalten. In Fledermaus' Fall war ein infizierter Uterus gefährlich, nicht nur weil er der Herd einer schweren Infektion war, sondern auch weil der Uterus selber reißen konnte. Wir sind oft nach einem Eingriff wie einer Sterilisierung auf Probleme mit der Heilung oder manchmal auf die Entwicklung einer Krankheit gestoßen, die mit dem Virus in Verbindung stand.

Fledermaus sprang auf meinen Schoß und rollte sich zu einem kurzen Nickerchen nach ihrem Spätnachmittagsschlaf zusammen.

»Na, Maus, sollten wir mehr auf die Qualität oder auf die Quantität unseres Lebens hinzielen?«

»Was sagt sie?« fragte Audrey.

»Sie will beides.«

Ich hatte immer noch Zeit, über unser Ziel zu entscheiden, und so versprach ich Maus, daß ich am nächsten Morgen den Sonntagmorgenkaffee und den Reiseteil der *Times* bringen würde.

Ich weiß wirklich nicht viel von Monica Cosgrove, dachte ich, als ich am Sonntag abend zu ihrer Wohnung ging.

Meine Beziehung zu den Besitzern unserer Patienten ist besonders und zielgerichtet. Unser unmittelbares gemeinsames Interesse ist unser Gefühl, was Tiere betrifft. Da ich mich um die Katzen kümmere, wenn sie stationär behandelt werden, habe ich eine emotionale Bindung an sie und eine Ahnung von den Eigenschaften, die jede Katze einzigartig machen. Ihre Besitzer und ich teilen eine unmittelbare Vertrautheit miteinander, und doch wissen wir wenig voneinander.

Im allgemeinen werden unsere Beziehungen angeregt und hängen ab von den Sprechstundenbesuchen. Ich sehe sie und ihre Tiere monatelang wöchentlich oder alle zwei Wochen, und dann werden die Behandlungszeiträume ausgedehnt, oder der örtliche Tierarzt behandelt sie weiter. Oder in manchen Fällen stirbt der Patient.

Für uns alle ist es ein glücklicher Augenblick, wenn jemand mit einem neuen Tier in unsere Sprechstunde zurückkehrt. Ob Kätzchen oder ausgewachsene Katze, wir wissen, sie hat ein wunderbares Heim. Manchmal sieht das neue Tier demjenigen, das gestorben ist, verblüffend ähnlich, und manchmal gibt es überhaupt keine äußerliche Ähnlichkeit. Von Zeit zu Zeit bekommen wir eine Ahnung vom gleichen Temperament oder unheimlich vertrauten Marotten.

Von all den Beziehungen, die ich während unserer Sprechstunden gehabt habe, haben sich nur wenige auf mein Leben außerhalb des Krankenhauses erstreckt. Einige Freundschaften, die hier begannen, sind langsam über Monate und manchmal Jahre gewachsen und zu Beziehungen geworden, die auch andere Aspekte meines Lebens berührten. Dazu gehörte Beth.

Innerhalb von fünf Jahren hatte Beth sieben Katzen verloren, die alle beim Katzenleukämietest positiv gewesen waren. Sie hatte einige unserer positiven Katzen aus dem Krankenhaus mitgenommen, als zwei ihrer ursprünglich drei Katzen starben. Da sie die unsichere Prognose für diese Katzen kannte, hatte sie sie adoptiert, um die Zeit, die ihnen noch blieb, mit ihnen zu teilen. Schließlich, als ihre siebte Katze, ihr Liebling und diejenige, die sie ursprünglich zu uns gebracht hatte, starb, sprachen wir über ihre nächste Adoption. Beth war bereit, weiterzumachen, doch wir redeten darüber, eine Familie von gesunden, normalen Katzen zu gründen. Es gab keine Garantie, daß ein neues Tier Krankheiten oder Tragödien entgehen wür-

de, doch Beth' Chancen wären dann die durchschnittlichen Risiken, die wir akzeptieren, wenn wir Tiere halten. Auch eine Menge gesunder, normaler Katzen brauchten ein Zuhause.
Sie nahm sofort vier Tiere auf: ein Kätzchen, dessen unerfahrene Mama eine seiner Pfoten abgekaut hatte, einen zähen, schon viel herumgekommenen jungen Kater, eine unserer lebhaften weiblichen Blutspenderkatzen und ein elegantes kastanienfarbenes orientalisches Kurzhaar.
Wir blieben in Kontakt während der üblicheren Katzenzwischenfälle wie Parasiten, Impfungen und Ohrmilben. Wir hatten vor Jahren zuerst die schwierigen Zeiten geteilt und begannen nun, gute Zeiten zu teilen.
Auch Monica hatte die Hand ausgestreckt, um mich in ihr Leben außerhalb des Krankenhauses mit einzubeziehen. Es war eine schöne Geste, und ich freute mich darauf.
Die meisten von Monicas Gästen an diesem Sonntag waren Ende Vierzig, doch es waren auch einige jüngere Leute anwesend. Monica stellte mich einer Gruppe ihrer Altersgenossen vor, und ich hörte zu, während sie sich an ihre Schulzeit erinnerten. Erst da erfuhr ich, daß sie einmal eine eingetragene Krankenschwester gewesen war.
Monica stellte mich als Mykonos' Krankenschwester vor, erklärte, wo ich arbeitete und in welcher Abteilung. Eine aus der Gruppe fragte: »Ist es nicht traurig, mit sterbenden Tieren zu arbeiten?«
Ich lächelte Monica an, als ich antwortete. »Unsere Patienten sind nicht alle sterbende Tiere. Schauen Sie nur Mykonos an.«
»Aber all diese Experimente ...« fuhr sie fort.
Ich unterbrach sie. »Wir sind ein Behandlungs-Center«,

versuchte ich zu erklären. »Unsere Patienten sind Haustiere, die krank sind. Wir machen sie nie krank.« Ich konnte spüren, wie ich von einem Konversationston in einen belehrenden verfiel. »Ich genieße es, mit unseren Patienten zu arbeiten«, schloß ich.

»Es ist überhaupt nicht so, wie ihr es euch vorstellt«, warf Monica ein.

Doch ihr Gast hatte das letzte Wort, denn sie murmelte, sich abwendend: »Ich glaube immer noch, daß es deprimierend ist.«

Monica wohnte in einem schönen alten Stadthaus abseits der Fifth Avenue. Ihre Wohnung war zauberhaft. Der Flur von der Küche zum Schlafzimmer war mit schwarzen und weißen Fliesen ausgelegt. Sadie saß im Flur, als ob ihr bewußt wäre, was für eine umwerfende Wirkung sie ausübte. Mykonos lag ausgebreitet auf dem Sofa zwischen zwei Gästen. Wir saßen in bequemen, weichen Sesseln in einem luftigen weißen Wohnzimmer. Ich bewunderte Monicas Gemälde, von denen einige von Freunden stammten, und den schönen Orientteppich in der Mitte des Zimmers. Es war ein warmes und geschmackvolles Heim. Monica hatte ihre Besitztümer sorgfältig ausgewählt.

Ich hatte mich gefragt, wie die Katzen auf meine Anwesenheit in ihrem Zuhause reagieren würden. Ich machte mir Sorgen, Sadie könnte denken, daß ich gekommen sei, um sie wieder ins Krankenhaus zu bringen, oder Mykonos, daß ich da sei, um ihn zu behandeln. Doch sie fühlten sich sicher in ihrem Heim und begrüßten mich herzlich. Sadie brachte mich sogar zum Lift, als ich ging.

Eine von Monicas Freundinnen, Margaret, brach zur gleichen Zeit wie ich auf, und wir liefen noch ein paar Blocks gemeinsam. Sie und Monica waren seit Jahren befreundet. Wahrscheinlich arbeitete Monica an ihren Beziehungen und aktivierte sie ständig. Sie genoß es, Leute zusammenzubringen, und hoffte, daß die, an denen ihr etwas lag, einander mögen würden. Ich hatte das Gefühl, Monica nun etwas besser zu kennen, und ich mochte sie.

Auf meinem Nachhauseweg dachte ich, nachdem ich mich von Margaret getrennt hatte, wieder an meine Ferien und an Maus. Ich entschied mich für Mitte September und für irgendwo am Meer. Meine erste Wahl war Maine, doch die Reise wäre lang und schwierig mit meiner Gefährtin. Es würde einen Flug geben, in einer Maschine, in der sie mit mir in der Kabine reisen konnte.

Ich fand ein Hotel, in dem Haustiere erlaubt waren, und so entdeckten Fledermaus und ich an einem frischen und bewölkten Tag Hyannis.

13. Kapitel

Wir verliessen das Animal Medical Center früh am Morgen. Fledermaus reiste in ihrem Transportkorb der Fluggesellschaft. Wir kamen am Marine Terminal an, und ich nahm Maus mit ihrem Geschirr und ihrer Leine aus ihrem Korb heraus. Sie schrie jedem Passagier im Terminal zu, daß ich sie entführte. Schließlich ließ sie sich in ihrer offenen Kiste nieder, war jedoch nicht glücklich. Unser Flugzeug startete um zwanzig nach neun.

Es war eine kleine Maschine, und der Start war laut. Der Korb stand unter dem Sitz, und ich beugte mich vor, die Finger an der Öffnung der Katzenkiste, um Maus wissen zu lassen, daß ich in der Nähe war. Sie war ruhig geblieben von dem Augenblick an, in dem wir an Bord gegangen waren. Sobald wir in der Luft waren, beeilte ich mich, den Korb zu öffnen, da ich mir Sorgen wegen des lauten Starts und Maus' Schweigen machte. Sie sah mich aus Augen so rund wie Untertassen an, und ihr Körper verschmolz mit meiner Hand. Ich behielt den offenen Korb während des ganzen Flugs auf meinem Schoß. Die Stewardeß war sehr verständnisvoll.

Um zehn vor elf kamen wir in Hyannis an und nahmen ein Taxi zu unserem Motel. Wir befanden uns an der Straße gegenüber von der Bucht. Unser Zimmer war noch nicht fertig, doch ich stellte Maus vor, und die Hotelleitung hieß sie willkommen. Wir gingen zum Milch- und Kaffeetrinken in den Coffee Shop.

Unser Zimmer war sauber und klein und hatte zwei Fenster. Eines ging zu dem Rasen hinter dem Motel hinaus, das andere nach vorne zum Bürgersteig. Während ich meinen Koffer ausräumte, inspizierte Maus ihre neue Umgebung, vor allem den Bereich unter dem Bett. Ich packte meine Bücher aus und stapelte sie auf dem runden Tisch neben dem hinteren Fenster.

Die Abendkurse des Herbstsemesters am Hunter hatten eine Woche nach dem Labor Day begonnen. Ich hatte mich für zwei Kurse angemeldet, Physik und Chemie, und bereitete mich auf ein langes Leiden während ihrer Dauer vor. Ich hatte angefangen, über einen höheren Abschluß nachzudenken, als ich erkannte, wie sehr mir Biologie gefiel, doch die fortgeschrittenen Biologiekurse erforderten auch einen Background in Chemie. Mein Plan beinhaltete vier Abende am Hunter, und die Chemielaborstunden dauerten bis zehn Uhr abends. In dieser Woche war die Schule drei Tage lang geschlossen, so daß ich nur eine Vorlesung versäumte.

Das Stadtzentrum war zehn Minuten zu Fuß entfernt. Ich hängte ein Bitte-nicht-stören-Schild an die Tür, damit Maus bei dem, was sie gerate tat, nicht unterbrochen wurde, und machte mich auf, die Läden zu inspizieren. Nach einem längeren Schaufensterbummel fand ich den Supermarkt, suchte Katzenfutter und Katzenstreu für meine Freundin aus und kehrte zurück.

Ich stieg die Stufen zu dem Weg vor unserem Zimmer hoch

und sah Fledermaus auf dem Stuhl stehen und durch die nur locker geschlossenen Vorhänge spähen. Ich klopfte ans Fenster, und sie hüpfte hinunter, um mich an der Tür zu empfangen. Jedesmal, wenn ich zurückkam, begrüßte sie mich so.

Der Frühherbst am Cape ist eine einsame Zeit. Die Luft ist frisch und scheint noch wunderbarere Dinge zu versprechen. Und wenn die Sonne durch das Wolkenmuster über uns linst, sammelt eine Brise, nur eine Brise, all ihre Kräfte und erschöpft sich im selben Moment.

Mein Schatten und ich ließen uns von dieser Brise mittragen und folgten ihrer Spur durch das ungemähte Gras. Wir begrüßten die Einsamkeit und nahmen unseren Platz darin ein. Fledermaus haßte Geschirr und Leine, doch wir waren zu nahe an der Straße, und ich konnte es nicht riskieren, sie zu verlieren. Fledermaus entdeckte eine riesige Eiche und lief los, um sie zu untersuchen. Sie streckte sich auf ihren Hinterbeinen und kratzte heftig an der Rinde. Vielleicht dachte sie, es sei ein Riesenphilodendron.

Es war eine seltsame Erfahrung, so viele Monate mit einer Katze zu arbeiten und dann das erstemal mit ihr zusammenzuleben. So gut wie ich meiner Ansicht nach Maus kannte, ich hatte doch keine Ahnung von ihren Vorlieben oder Gewohnheiten. Ich verwandelte Schubladen in Betten für sie, ließ ihre Reisekiste offen und beobachtete, wo sie wohl schlafen würde. Sie wählte meine wildlederne Handtasche auf dem Bett und blieb dort zumindest, bis ich döste, denn morgens fand ich sie schlafend unter dem Bett. Ich mietete ein Fahrrad, um mich dazu zu zwingen, das

Cape zu umrunden. Fast haßte ich die sonnigen Tage, an denen ich mich verpflichtet fühlte, draußen am leeren Swimmingpool zu sitzen. Ich mußte lernen und wollte Maus bei mir haben. Bei einer meiner Fahrradtouren fand ich eine Verkaufsstelle für Sportkleidung, wo es wunderbar farbige T-Shirts gab. Der Hintergrund war hellgrün, blau, gelb und knallila. Vorne drauf war eine fette, lächelnde Cheshire-Katze. Ich kaufte ein paar in jeder Farbe.
Bei einem anderen Ausflug entdeckte ich einen Buchladen mit Räumen voller alter, staubiger Bücher, manche auf Regalen, manche auf dem Boden gestapelt. Ich blätterte stundenlang in ihnen, berührte den abgenutzten Umschlag und wendete die weichen, zerbrechlichen Seiten. Die Bücher waren willkürlich gestapelt, und ich untersuchte sie methodisch in der Hoffnung, die vergessene Erstausgabe eines Lieblingsautors zu entdecken.
Wenn ich zurück zum Motel fuhr, hielt ich an, um noch mehr Spielzeug für Maus zu kaufen. Sie dankte mir stets, indem sie mit einer neuen Maus oder einem Ball spielte. Unter dem Bett hob sie all die ausrangierten, abgenutzten Spielsachen auf. Die Hotelleitung informierte mich sehr freundlich darüber, daß sie auch andere Dinge unter dem Bett versteckte. Maus war im Center nicht an das Katzenklo gewöhnt, und obwohl sie es meistens benutzte, so tat sie es doch offenbar nicht immer. Der Platz wurde gesäubert, und danach ging sie nie wieder am Katzenklo vorbei.
Ich glaube, wir zogen beide die grauen und trüben Tage vor, wenn ich auf dem Bett lag, Kaffee schlürfte und las. Wir hörten Musik, und sie lag neben mir, während wir auf den Regen warteten. Wenn ich hinausging, um unser

Abendessen zu holen, wirkte sie zufrieden darüber zu schlafen, wartete aber immer auf mich an der Tür, wenn ich nach Hause kam. Wir teilten den ersten Herbsteindruck in dieser Zeit Mitte September in Hyannis, denn als wir nach New York zurückkehrten, wurde es gerade erst kühl.

»Willkommen zu Hause«, begrüßte uns Audrey, als ich Fledermaus am AMC abgab. Maus untersuchte sofort all ihre Lieblingsplätze, um sicherzugehen, daß sich nichts verändert hatte und daß niemand Neuer eingezogen war. Ich stellte etwas Futter hin, und sie fraß.

»Sie schaut aus, als ob sie zugenommen hätte. Die Reise hat ihr offensichtlich gutgetan. Erzähl mir alles.«

Das Erlebte war noch zu frisch. Ich zögerte, davon zu erzählen, als ob Worte es für mich irgendwie weniger wirklich machen könnten.

»Nun, es waren sehr ruhige Ferien. Viel Lesen, Zuhören und Nachdenken. Und hervorragende Gesellschaft. Das Cape ist wunderschön. Ich habe ein Rad gemietet und bin viel damit rumgefahren.«

»Sam, wie war deine Reise?« fragte Greg, als er ins Büro kam.

»Dr. Fledermaus sieht toll aus.«

Sie hatte gerade ihr Abendessen beendet und putzte sich. Ich ging zu ihr und setzte mich neben sie auf den Boden, und von Zeit zu Zeit leckte sie meine Hand, als ich sie streichelte.

»Gibt's was Neues?« fragte ich.

»Eigentlich nichts, nur daß wir euch vermißt haben – euch beide.«

»Nun, wir haben euch auch vermißt, aber ich glaube, wir

brauchten einfach etwas Ruhe in unserem Leben, zumindest eine Zeitlang. Bist du bereit für etwas mehr Hektik, Maus?« fragte ich. Als Antwort ließ sie sich zu einem Schläfchen in ihrem Korb nieder. Ich suchte meine Freunde auf der Station auf und eilte dann nach Hause, um meine Familie zu füttern. Linda hatte sich um sie gekümmert. Sie schauten alle gut genährt und gesund aus, doch sie hatten mich vermißt, und ich freute mich, sie zu sehen.

Ich nahm sofort meinen intensiven Studienplan wieder auf, da ich meine guten Absichten, in den Ferien zu lernen, nicht verwirklicht hatte. Natascha war nicht mehr bereit, auf mich zu warten. Siggie war verwirrt, weil ich so lange aufblieb. Er wachte um drei Uhr morgens auf, sprang vom Bett hinunter und setzte sich neben meinen Schreibtischstuhl, bis ich ihm versicherte, daß mit mir alles in Ordnung sei. Manchmal lernte ich die ganze Nacht, genauso wie ich es in meinen frühen Collegezeiten getan hatte. Damals büffelten wir vor einer Prüfung, normalerweise, weil wir bis zu jener langen Nacht kein Buch aufgeschlagen hatten. Nun war das anders.
Physik und Chemie bezogen sich nicht so direkt auf meine Arbeit wie Biologie, doch sie bieten eine andere Herausforderung. Beide Kurse erforderten ständiges Problemlösen. Jeden Abend arbeitete ich seitenlang an Problemen und hielt nur inne, um einen Streit zwischen Sam und Frederick zu schlichten oder mit Daphne zu spielen. Sie liebte es, zu dieser ungewohnten Zeit einen Spielgefährten zu haben. Wenn sie bereit war, sprang sie auf den Schreibtisch und packte meinen Stift, bis sie meine ungeteilte Aufmerksamkeit gewonnen hatte.

Die Aufgaben erforderten eine lange Zeit der Lösung. Sie waren eine Herausforderung, weil man dafür Worte in Zahlen übersetzen mußte. In der ersten Woche meines Physikkurses konnte ich nicht einmal eine Seite mit versuchsweisen Lösungen füllen. Der Professor lehrte uns, wie man die Worte in ein Diagramm umsetzte, und dann, wie man die Zahlen einsetzte, um eine Gleichung aufzustellen. Ich spürte, wie ich lernte, und war erregt durch jede neue Leistung.

Die ersten Wochen in der Klinik waren hektisch, weil ich versuchte, die versäumte Arbeit aufzuholen und vorzuarbeiten. Doch bald wurde mir die Routine wieder vertraut, und es schien, als ob es lange her wäre, daß Maus und ich weg gewesen waren. Es wurde kühler, und ich glaubte schon an den ersten Schnee.

Anfang Oktober fraß Fledermaus nicht so gut wie sonst. Sie wirkte ruhiger und zurückgezogener. Wir machten einige Blutuntersuchungen, die sich als normal erwiesen. Sie hatte kein Fieber, und wir fanden nichts Besonderes.

Dann, am Freitag, den 13. Oktober, beobachtete ich sie, als sie auf dem Fenstersims saß. Sie atmete schwer. Die Röntgenbilder bestätigten, daß sie ein Geschwür oberhalb des Herzens hatte. Wir behandelten sie sofort mit Chemotherapie, und ich brachte sie für die Nacht wieder in ihren Käfig. Sie war erschöpft und verwirrt durch die Qualen des Tages und hatte nichts dagegen, eingesperrt zu werden.

In dieser Nacht und in den vielen Nächten danach versuchte ich zu verstehen, was passiert war. Hatte ich ihre Krankheit beschleunigt oder sie verursacht, indem ich sie mitgenommen hatte? War die Reise zu stressig für sie gewesen? Dann wieder fragte ich mich, wie ich mich fühlen würde, wenn ich sie nicht mitgenommen hätte und dies hier passiert wäre. Meine Frustration führte mich schließlich dazu, die Erkenntnis zu akzeptieren, daß meine Schuld oder Unschuld mir nicht helfen konnte. Das Warum spielte keine Rolle mehr.

Fledermaus kam in die Remission und schien sich zunächst wohler zu fühlen. Sie verbrachte immer noch ihre Tage und Nächte im Büro und nahm teil an den täglichen Sprechstunden. Es gab Tage, da schien sie fast die alte zu sein. Es ging ihr besser mit minimaler Therapie, und der weniger intensive Behandlungsplan ließ sie immer noch in Remission bleiben.

Doch ihr Appetit schwand, und sie nahm ab. Ihr Fell war nicht mehr der glänzende, glatte Pelz, den sie immer so stolz putzte. Sie stolzierte nicht mehr neben mir her, wo immer ich auch hinging, sondern bewegte sich jetzt langsam, da sie wußte, daß ich warten würde. Sie schlief mehr und war es zufrieden, sich von mir halten zu lassen. Oft war sie allein. Sie war müde und deprimiert, und selbst ihr Schnurren war leiser und weniger häufig.

Ich liebte sie so sehr. An manchen Tagen kam ich nach der Arbeit nach Hause und war körperlich und seelisch erschöpft. Ich wollte einfach nur jede Pflicht vergessen, die ich übernommen hatte. Ich wollte, daß diese Zeit zu Hause eine Zeit für sich wäre, nicht nur ein Zwischenspiel, bevor ich wieder ins Krankenhaus mußte oder in die Schule oder für meine Kurse lernen mußte. Natascha schien zu verstehen, daß meine ruhigen Augenblicke zu Hause sie einschlossen. Sie saß friedlich auf meinem Schoß und schnurrte leise.

Manchmal rief Beth an oder Jesse, ein weiterer Freund aus der Sprechstunde. Seine Katze hatte Tumore an den Milchdrüsen und bekam alle zwei Wochen Immuntherapie. Es gelang ihm immer, mich zum Lachen zu bringen, oft unabsichtlich. Beth und Jesse konnten mich mit wundervollen Katzengeschichten ablenken. Jesses andere Katze, ein Siamkater, krächzte und zirpte jedesmal, wenn er das Goodyear-Männchen vor dem Fenster sah. Beth' dreieinhalbbeinige Katze entwuchs schnell den Kinderschuhen und wurde eine geschmeidige, gelenkige Katze.

Oft beendet eDaphne unsere Gespräche, indem sie auf das Telefon trat und uns unterbrach.

Meine Nachmittage zu Hause verbanden mich mit anderen Leben. Wenn ich zu meinem Stuhl zurückkehrte, war Natascha ins Bett gegangen, und Frederick breitete sich unbeugsam auf dem Kissen aus. Die Stimmung war gebrochen, und es war nun Zeit, mich wieder meinen Studien zuzuwenden. Oft nahm ich ein Lehrbuch mit, wenn ich ins Krankenhaus ging, um Fledermaus zu besuchen.

Jeden Tag, auch am Wochenende, saß ich da und lockte sie zu fressen, manchmal griff ich zur Zwangsernährung. Ich sprach mit ihr vom Winter und vom Schnee, von Weihnachten und davon, wie wir zusammen warten würden. Ich sprach davon, wie ich sie brauchte, wie sie mein Tempo verlangsamt und mich gelehrt hatte, innezuhalten und zu sehen, zu berühren, meine gedämpfte Gegenwart zu teilen, als diese Gegenwart alles war, was ich hatte. Und währenddessen hatte ich gedacht, die Zeit sei grenzenlos, und ich könnte immer wiederkommen und neben meiner Freundin ruhen.

Es ging ihr besser, bis sie an einem Dienstag Ende Novem-

ber einen neuen Rückschlag erlitt. Die Röntgenbilder ergaben eine Lungenentzündung. Sie wurde immer schwächer.
Mittwoch abend saß ich ein paar Stunden bei ihr, und sie fraß ein wenig von allein. Sie war so schwach, daß sie zwar zum Katzenklo kroch, jedoch nicht mehr die Kraft hatte, zurückzukriechen. Aber nicht der Krebs machte sie so schwach, dachte ich immer wieder. Wenn sie nur kräftiger werden könnte. Ich saß da und las mit der Hand auf ihrem winzigen Körper.
Als ich Donnerstag abend ins Büro kam, konnte ich sie nicht finden. Ich suchte an all ihren Lieblingsplätzen, obwohl sie sie in letzter Zeit nicht mehr aufgesucht hatte. Als ich sie in dem Eimer mit den Putzmitteln entdeckte, lachte ich – wie ähnlich das meiner Maus sah. Doch als ich sie heraushob, war sie so schwach, daß sie einfach auf dem Stuhl, Audreys Stuhl, liegenblieb. Ich versuchte sie zu füttern, aber das Futter blieb einfach in ihrem Maul. Und ihre Augen flehten mich an, aufzuhören. Ich putzte ihr winziges zartes Gesicht, ihre komische Nase und streichelte sie, als sie auf der Seite lag. Sie hatte aufgegeben. Und dann, während ich sie hielt, starb sie ohne einen Laut oder eine Bewegung.
Sie hatte mich genug geliebt, um auf mich zu warten, doch sie hatte entschieden, als ich das nicht konnte, daß das Leben das Leiden nicht wert war. Sie war bereit, ich jedoch nicht, denn ich hatte nicht die ganze Zeit ihrer Krankheit dazu genutzt, mich vorzubereiten. Es war, als ob ich denken würde, daß ich sie durch diese Krise bringen könnte, weil ich sie liebte und brauchte. Doch in meiner Liebe und meinem Bedürfnis vergaß ich, sie anzusehen – dieses win-

zige zarte Wesen, das von mir abhängig war. Ich wollte ihr helfen, wollte sie zum Leben bringen. Ich war nicht bereit, doch sie konnte nicht länger warten.
Fledermaus starb am Thanksgiving Day. Es regnete.

Jeder Tag brachte neuen Schmerz mit sich. Das Wissen, daß etwas anders war. Die Stille, die man hört, wenn man einen Raum betritt. Die Erkenntnis, daß man nun im Bad ganz für sich allein ist. Der erste Schnee des Jahres – wie hätte ich wissen können, daß, als er endlich kam, meine kleine Fledermaus fort sein würde? Daß auf dem Weihnachtsbaum ein Schmuck weniger hängen würde und daß die Geschenke ordentlich sein würden? Keine durchwühlte Schachtel mit zerfetztem Geschenkpapier, in das diese wissende Katze das schönste aller Geschenke, nämlich sich selbst, hineinquetschte. Die lange und schmerzerfüllte Zeit der ersten Male ohne sie.
Ich sprach mit einem Freund, dessen Katze an der Einsamkeit der Trauer gestorben war. Ich stellte mir Fragen über die Besitzer unserer Patienten, die treulich Woche für Woche zu uns kommen, manchmal jahrelang. Was passiert mit ihnen, wenn ihr Tier stirbt? Und was passiert mit ihrer Trauer? Während sie in unserer Klinik sind, sind sie zumindest von anderen Menschen umgeben, die ähnlichen Problemen gegenüberstehen. Manchmal können wir ihnen sagen, was sie in Hinblick auf Anzeichen zu erwarten haben, und wir können langsam mit ihnen den schmerzvollen Prozeß von Tod und Verlust durchleben. Doch der Tod beendet diesen Prozeß abrupt, und sie bleiben allein, um selbst Trost zu suchen.
Immer wenn ein Patient zu uns gebracht wird, der einge-

schläfert werden soll, versuchen wir uns sofort um ihn zu kümmern, um dem Besitzer das endlose, schmerzliche Warten zu ersparen. Er hat schon genug durchgemacht, bevor er mit seinem Tier ins Wartezimmer kam. Er hat am Morgen seine Katze in ihren Korb gelegt und dabei gewußt, es würde das letzte Mal sein. Er ist den Weg gegangen, den er mit ihr wochenlang, monatelang oder jahrelang gegangen ist. Und dann, sobald er im Untersuchungszimmer ist, sagt er die Worte, jene schwierigen, endgültigen Worte, die er bis jetzt zwar kannte, aber für sich behalten hat.

Der Besitzer kann dabeisein oder vor dem Zimmer warten, bis die Spritze verabreicht worden ist. Das bleibt jedem selbst überlassen. Manche wollen bei ihrem Tier sein und fühlen, daß es sie dort braucht. Für sie ist dies die letzte Geste in ihrer Beziehung. Andere haben das Gefühl, daß ihr Kummer es dem Tier noch schwerer machen wird.

Der Weg aus dem Untersuchungsraum durch die volle Klinik, wo andere mit ihren Tieren warten, zum Aufzug und hinaus aus dem Gebäude muß ein langer, einsamer Weg sein. Ich erinnere mich an einen Mann, der bei seiner verängstigten Siamkatze blieb, als wir ihr die Spritze mit der Einschläferungslösung gaben. Er blieb ein paar Minuten allein mit ihr, hob dann ihren leeren blauen Tragekorb hoch und ging zur Arbeit. Er nahm sie nach ihren wöchentlichen Behandlungen immer mit ins Büro, und seine Mitarbeiter machten stets viel Aufhebens um sie. Was muß es für ein schmerzvoller Augenblick für ihn gewesen sein, als der erste Mensch, der ihren Korb neben seinem Schreibtisch sah, ihn fragte, wie es ihr gehe.

Manchmal kann man einen Moment lang reden, bevor der

Besitzer geht, doch öfter kämpft er darum, seine Selbstbeherrschung zu bewahren, und nichts wird gesagt.

Wenn ein Mensch stirbt, wird der Verlust in Form von Trauer, Beerdigungen und Beileidsbezeugungen anerkannt. Der Hinterbliebene wird als ein Mensch akzeptiert, der den Verlust von Freundschaft und Liebe erlitten hat. Bei einem Tier jedoch werden die Gefühle des Kummers und des Verlustes nicht geteilt. Ich erinnere mich daran, wie ein Arzt im Krankenhaus eine Woche vor Fledermaus' Tod fragte, was an dieser Katze so besonders gewesen sei. »Sie war nur eine kleine schwarze Katze«, sagte er. Als ob es Millionen oder auch nur eine wie sie gäbe.

Eines Abends rief meine Mutter an, und während wir redeten, fragte sie mich, wie es meiner kleinen schwarzen Katze gehe. Ich versuchte zu antworten, konnte es jedoch nicht. Nach einer langen Pause sagte sie: »Wann ist es passiert?«

»Am Morgen von Thanksgiving«, antwortete ich.

»Es tut mir so leid, Liebes. Aber ihr hattet so schöne Ferien zusammen, und sie hatte ein gutes Leben bei dir.«

Doch das war nicht genug.

»Und du hast deine anderen.«

Doch das war nicht dasselbe.

Weihnachten forderte meine Aufmerksamkeit, und obwohl es für mich in diesem Jahr zu plötzlich kam, begann ich mit den Vorbereitungen. Es würde mir nicht helfen, wenn ich meiner Katzenfamilie das Abenteuer des Baumschmückens verweigerte. Es war schließlich nicht ihr Verlust. Unsere Patienten und ihre Besitzer verdienten auch eine besondere weihnachtliche Aufmerksamkeit.

Der Baum mit den weißen Zweigen, der inzwischen zur Tradition geworden war, erschien in der Klinik. Der erste Schmuck war für Clancy, Chico und Fledermaus.
Ich plante, nach Hause nach Buffalo zu fahren, um ein paar Tage vor Weihnachten mit meiner Mutter zusammenzusein. Sie würde die Feiertage bei Paul und seiner Familie verbringen. Beim letzten Mal, als meine Mutter mich brauchte, hatte ich statt dessen ein Geschenk geschickt. Ein Geschenk war ein müheloser, aber unangemessener Ersatz für einen selber. Diesmal würde ich fahren. Linda und Carol würden sich um meine Katzen kümmern.

Als Mom und ich aus dem Wohnzimmerfenster schauten und leise den Schnee dort draußen fallen sahen, redeten wir miteinander. Wir sprachen über meinen Bruder Paul, über das Wetter, über den Gesundheitsladen, der ihr gehörte. Wir sprachen über Freundschaft.
Ich wuchs auf in einer Familie, die an Freundschaft glaubte. Moms beste Freundin war meine Patin, und sie und Mom waren zusammen zur High-School gegangen. Meine Patin lebte im nächsten Block und kam, solange ich mich erinnern kann, jeden Freitagabend zum Essen zu uns. Sie und Dad arbeiteten in der Stadt in der County Hall und fuhren zusammen hin und wieder zurück. Die Gespräche beim Freitagabendessen drehten sich um die Arbeit der Woche, und Paul, Mom und ich wurden durch persönliche Vorfälle und Einsichten unterhalten. Mom genoß die Freundschaft zwischen den beiden, als ob es ein Teil von ihr wäre.
Ich lernte, wie besonders, wie selten so eine Beziehung ist. Als Kind hatte ich immer eine enge Freundin. Als ich älter

wurde, freundete ich mich nur langsam an, war mit vielen Leuten bekannt, ohne jedoch eine spezielle Freundin zu haben. Ich lernte, manchmal durch Fehler, daß sich Freundschaft entwickeln mußte.

Und als ich als Freundin gefordert war, lernte ich darüber nachzudenken, was Freundschaft mir bedeutete, welche Eigenschaften für mich wichtig waren, welche Grenzen ich im Namen meiner eigenen Integrität setzte.

Ich spürte, daß es eine wichtige Beziehung war. Es war eine Beziehung, die das Miteinander-Teilen beinhaltete, aber auch auf individuellen Rechten bestand. Es war keine Partnerschaft wie in einer Ehe. Es war nicht die Verbindung zweier Menschen zu einem gemeinsamen Ziel. Statt dessen beinhaltete sie ein selektives Miteinander-Teilen. Das Teilen wuchs in dem Maße, wie das Vertrauen in den anderen wuchs. Ein entgegengebrachtes Vertrauen, ein Teilen der Gefühle, danach hatte ein Freund nie zu fragen; es war ein Geschenk an jemanden, der es wert war und zu schätzen wußte. Als ein Geschenk sollte es nicht abgeschätzt, beurteilt oder an andere weitergegeben werden. Die Gefühle und das Vertrauen, das man mit einem wahren Freund teilte, waren das beste Beispiel des Glaubens an diese Beziehung. Ich glaubte daran, dieses Vertrauen zu ehren. Doch dieses Miteinander konnte von keinem von beiden überstürzt werden. Sein eigenes Timing einem Freund aufzuzwingen war egoistisch. Es bedeutete, daß man das Leben von jemand anderem nur in Hinsicht auf sein eigenes sah. In einem Augenblick der Not war ein Freund ein Wunder. Als diese Freundin nicht da war und, mehr noch, mich betrog, war das eine verheerende Erfahrung für mich.

Ich war froh, für meine Mutter dazusein. Nicht darüber, Entscheidungen für sie zu treffen oder über ihre Art zu leben zu bestimmen. Ich respektierte ihr Urteil und wollte dasein, weil ich sie liebte. Ich wollte die Geduld und die Selbstlosigkeit besitzen, darauf zu warten, daß sie sich mir anvertraute. Ich wollte ihren Schmerz in Hinblick auf ihr Leben und nicht auf mein eigenes sehen. Ich wollte ihre Freundin sein, und ich brauchte sie als meine.

Mom und ich saßen am Kamin und sahen zu, wie Mitchie immer näher an das warme Feuer herankroch. Wir veränderten uns, wuchsen beide in unserem jeweiligen Leben. Doch die Veränderungen brachten uns einander näher, befähigten uns, nun als selbständige Frauen zu sprechen, als zwei Menschen, die einander mochten.

Langsam bildeten sich die Worte, hüteten erst die Gefühle und gaben dann, mit viel Geduld, den Gefühlen eine Form. Wir sprachen über vergangene Weihnachtsfeste mit Paul und Dad. Sie erzählte mir, daß einer von Dads alten Freunden vor kurzem angerufen habe, weil er mit ihm sprechen wollte. Es kam mir so seltsam vor, daß für ihn mein Vater die ganze Zeit lebendig gewesen war.

Ich versuchte Mitchie dazu zu bringen, bei mir auf der Couch zu schlafen, doch er war jetzt Moms Katze und folgte ihr überallhin.

Mom begann ihre Vorbereitungen für ihre Reise nach Westen, und ich kehrte zu einem weiteren traditionellen Fest mit meiner Katzenfamilie zurück.

Ich mußte mit meinen eigenen Gefühlen fertig werden. Ich hatte sie beiseite geschoben und wußte, daß sie Zeit und Aufmerksamkeit brauchten, und ich wußte auch, daß sie da wären, wenn der Zeitpunkt gekommen war, sie hervorzuholen. Ich dachte, ich könnte meinem Verlust gegenübertreten, ihn akzeptieren und weitermachen, und all das stimmte. Aber wie bei dem Verlust meiner Mutter würde nur die Zeit seine Intensität beeinträchtigen, und nur die Zeit würde schließlich die Wunde heilen.

Der Winter schien bis weit ins neue Jahr hinein auf der Lauer zu liegen, als ob er wartete, bis der Schmerz und der Kummer des vergangenen Jahres verstreut wären. Doch ich war nicht in Harmonie mit dem Plan der Natur, und schließlich konnte der Frühling nicht länger warten.

Morgens war es klar und kühl, wenn ich den Hügel hinunter zur Arbeit ging. Der schwarze Kater saß auf seinem Fensterbrett und wartete auf die Rückkehr des Rotkehlchens als einen sicheren Hinweis, daß der Frühling da war. Vielleicht war es die frühe Stunde, vielleicht der Duft der Blüten in der Luft oder vielleicht der Zauber des Frühlings selbst, der mich dazu brachte, in Gedanken diesen Weg über die Jahre hinweg zu gehen. Es war, als ob mein Geist sein Zeitgefühl verloren hätte. Bilder verschmolzen in einer schwachen Ähnlichkeit mit einem Traum: etwas, das gepflückt wurde und jenseits aller Zeit wächst. Eine Ahnung, die ihre Wahrheit rechtfertigt. Eine Stimme, die sagt, es sei nie gewesen. Ich merkte, daß meine Gemütsverfassung durch die Windrichtung oder die Farben des Himmels bestimmt wurde. Gefühle, die mit Namen und Plätzen in Verbindung standen, tauchten auf. Gefühle, die lange begraben gewesen waren, Gefühle, die die Zeit nicht berühren und das Leben nicht aufrechterhalten konnte. Meine Träume und Erinnerungen verschmolzen, und eine wurde wirklicher als die andere. Meine Gedanken, meine Worte, meine Fledermaus – was war wirklicher?

Meine Gewohnheiten, die so vertraut waren, blieben unverändert. Morgenkaffee, Behandlungen, Sprechstunde. Nichts hatte sich geändert. Nichts auf der Welt hatte sich verändert, um diesen verheerenden Verlust in meinem Leben anzuzeigen.

Und in meinem Bedürfnis weiterzumachen verlor ich mich selber in den täglichen Gewohnheiten und Vorfällen des Lebens. Der Kummer hat seinen eigenen Ort, und dort allein fühlte ich mich sicher. Denn außerhalb dieses Zufluchtsortes war ihr Leben, ihr liebes Leben und das, was mich besonders gemacht hatte, für immer verloren. Das Schweigen sicherte mir die Erinnerung, als ob Worte, sobald sie einmal ausgesprochen waren, mir nicht mehr gehören würden.

Als Trost wandte ich mich jenen zu, die nicht sprechen konnten; jenen, die mich liebten und brauchten.

14. Kapitel

Jeden Nachmittag haben die Ärzte eine Telefonzeit, in der sie Anrufe von Leuten annehmen, deren Tiere im Krankenhaus sind, die Fragen zur Behandlung, zu Reaktionen, zur Ernährung, zu Terminen haben, und von Besitzern neuer Patienten. Während dieser Zeit fütterte ich die Katzen. Duerrel gab ihnen normalerweise früh am Morgen das Krankenhausfutter, und die Katzen hießen diesen Nachmittagsimbiß immer willkommen. Er ließ mir Extradosen ausgeglichener Katzennahrung da, und ich integrierte dieses Futter in ein Büfett. Ich versuchte etwas Abwechslung beizutragen, indem ich Katzenfutter aus dem Handel und Trockenfutter verwendete. Zu dem Dosenfutter fügte ich entbitterte Urhefe hinzu. Einige Monate zuvor hatte ich bemerkt, wie schmuddelig manche unserer stationären Patienten aussahen. Ihr Fell glänzte nicht, und ein paar waren ziemlich dünn. Ich dachte, daß sie vielleicht keine genügend abwechslungsreiche Ernährung genossen. Manche hatten jahrelang die gleiche Krankenhauskost bekommen und wollten sie oft nicht fressen. Die Hefe sollte ihnen Vitamin B und Minerale liefern. Da die B-Vitamine wasserlöslich waren, würden sie nicht in der Leber abgelagert werden, sondern müßten häufiger beigegeben werden. Die Katzen mochten die Hefe, die ihrem Futter beigemischt war, und ich hatte einen unglaublichen Unterschied in ihrem Äußeren bemerkt, seit ich sie ihrem Speiseplan zugefügt hatte. Manche Besitzer stellten außerdem eine Verringerung von Flöhen und von Hautproblemen fest.

Ich liebte diese Tageszeit. Sie gab mir die Möglichkeit, jede Katze zu besuchen, und sie half mir auch, Probleme zu entdecken.

Ich legte etwas Trockenfutter in Evelyns Käfig und wartete, ob sie fressen würde. Evelyn war eine zwölf Pfund schwere Tabby-Katze, die normalerweise alles auf ihrem Teller verschlang. Ich hatte Audrey gegenüber am Tag zuvor erwähnt, daß Evelyn ungewöhnlich heikel sei. Heute fraß sie nicht. Als die Telefonzeit vorüber war, kehrte Audrey ins Büro zurück.

»Könntest du dir Evelyn ansehen?« bat ich sie. »Sie will das Trockenfutter nicht fressen, und ich glaube, ihre Atmung ist nicht normal.«

»Warum schaust du nicht, ob sie das Babyfutter frißt?« schlug Audrey vor. »Sie atmet zu schnell.«

»Ihre Temperatur ist normal, aber sie wirkt nicht gesund«, fügte ich hinzu.

Evelyn fraß das Babyfutter, und Audrey und ich einigten uns, am nächsten Morgen Bluttests und Röntgenaufnahmen von ihr zu machen.

Am Freitag morgen war Evelyn noch deprimierter, und ihre Temperatur war auf einen Grad unter den Normalwert gefallen. Wir brachten sie in die Radiologie und blieben dort bei ihr für den Fall, daß sie durch den Vorgang gestreßt wäre.

Audrey erblickte den Kardiologen im Flur und rief ihn herein, um sich Evelyn anzuschauen.

»Larry, jedesmal, wenn ich sie ansehe, geht es ihr schlechter. Schaust du dir mit uns ihre Aufnahmen an?«

Evelyn lag frierend und blau angelaufen im Käfig. Die Aufnahmen bestätigten, daß sie an Herzversagen litt.

»Laßt sie uns auf die Intensivstation bringen«, sagte Larry, als er Audrey riet, was zu tun sei. Dann hörte ich, wie er hinzufügte: »Wir haben noch nie eine gerettet. Es passiert zu schnell, und egal, was wir tun, wir scheinen sie immer zu verlieren.« Als er sich zum Gehen wandte, bemerkte er mich. »Aber wir werden es versuchen. Vielleicht ist es ja bei Evelyn anders.«

Larry war der Experte auf diesem Gebiet, und wir warteten, ob Evelyn auf seine Behandlung ansprach. Nach fünf Tagen auf der Intensivstation hatte sie immer noch nichts gefressen.

»Gott sei Dank hat sie dieses überschüssige Fett, auf das sie zurückgreifen kann«, meinte Audrey, als wir neben ihrem Käfig standen.

»Arme Evelyn«, sagte ich, »das Futter war ihre einzige Freude, und nun hat sie nicht mal mehr das. Es war wirklich kein richtiges Leben für sie, nicht wahr?«

»Nun, ich glaube, sie hat es bei uns besser als in dem Tierheim, in dem sie war. Doch du hast recht, sie ist immer Blutspenderin gewesen.«

»Sie hat so vielen anderen Katzen geholfen, hat aber nie selber einen Menschen gehabt, den sie lieben konnte. Ich frage mich, ob sie noch den Willen zu leben hat.«

»Selbst wenn sie ihn hat, weiß ich nicht, ob das reicht«, erwiderte Audrey.

»Evelyn, wenn du durchhältst, verspreche ich dir, daß du die Königin der Station sein wirst. Du kannst in Rente gehen und im Büro herumliegen.«
Eine weitere Woche verging, in der sie auf der Intensivstation blieb. Larry war zuversichtlich.
»Sie ist eine ziemlich zähe Katze«, meinte er. »Wir haben gestern gerade eine verloren, aber Evelyn scheint durchzuhalten.«
Sie war wunderbar. Schließlich, nach zwei Wochen auf der Intensivstation, kam Evelyn heim auf Station H. Wir bauten ihr ein besonderes Haus in ihrem Käfig, und Audrey trug sie jeden Tag herum, um die anderen Katzen zu besuchen. Evelyn wurde kräftiger, und ihr Appetit kehrte zurück. Sie schmollte sogar wieder.
»Evelyn will sichergehen, daß du dein Versprechen nicht vergessen hast«, sagte Audrey eines Nachmittags.
»Vertrau mir, Evelyn«, erwiderte ich, »wir schulden dir was. Ich warte nur auf das Okay deines Arztes.«
Es war ein Mittwoch, als Evelyn das erstemal ins Büro durfte. Linda kam herauf, um uns vor acht kurz zu besuchen. Sie brachte Kaffee und ein Doughnut. Evelyn war nicht schüchtern, und als Linda anfing zu essen, bestand Evelyn darauf, etwas abzubekommen. Danach brachte Linda immer zwei Doughnuts mit.
Evelyn blieb den größten Teil des Morgens bei uns im Büro. Als die Studenten aus Maine mit ihrem Mittagessen an der Tür vorbeikamen, beschloß Evelyn jedoch, daß sie ihr Schicksal verbessern könnte. Sie sprang vom Tisch und folgte ihnen.
Zuerst teilte sie ihre Zeit gleichmäßig zwischen dem Büro und der Wohnung auf. Morgens lümmelte sich Evelyn

stundenlang auf dem Fensterbrett, streckte schamlos ihren Körper und setzte jeden Streifen dem warmen Streicheln der Sonne aus. Doch die Nachmittage gehörten den Studenten. Sie blieb in deren Wohnzimmer, während sie lernten oder sich im Fernsehen die nachmittäglichen Seifenopern anschauten.

Nach einigen Monaten wollte Evelyn eine Veränderung. Nach dem Frühstück im Büro schaukelte sie nun den Flur hinunter zur Schlafzimmertür. Sie miaute, bis einer der Studenten sie hereinließ, und dann sahen wir sie bis zum Spätnachmittag nicht mehr wieder.

Larry Tilley, ihr Kardiologe, freute sich über ihre Fortschritte und kam oft am Nachmittag an ihrem Käfig vorbei, um sie zu besuchen.

»Warum ist sie immer so sauer?« neckte er. Die Kombination von Evelyns Querstreifen und der geraden waagrechten Linie ihrer Augen vermittelte den Eindruck, als ob sie ständig die Stirn runzelte.

»Vielleicht mag sie es nicht, daß du ihr Käfigruhe verschrieben hast«, schlug ich vor. Wir hatten alle das Gefühl, daß sich Evelyns Zustand durch das friedliche Leben, das sie führte, verbesserte. Sie war sich dessen bewußt, daß sie die Königin war, und ließ das jeden wissen.

Einige Tage später war ich nach der Sprechstunde im Büro, als Audrey hereinkam.

»Habe ich heute nicht Mykonos in der Sprechstunde gesehen?« fragte ich. »Warum hat Monica Cosgrove ihn nicht gebracht?«

»Ich wollte es dir schon erzählen, aber wir hatten mit so vielen anderen Dingen zu tun. Monica ist heute wegen einer Biopsie im Krankenhaus. Sie hat einen Knoten in der

Brust gefunden. Ihre Freundin brachte Mykonos zu seiner Behandlung her und hat dir die Nummer vom Krankenhaus hinterlassen, damit du anrufen kannst.«
Am nächsten Tag rief ich nachmittags Monica im Krankenhaus an.
»Wie fühlen Sie sich?« fragte ich.
»Nun, die Biopsie verwies auf Bösartigkeit, weshalb ich noch etwas wund bin, aber sonst geht's mir gut«, antwortete sie.
»Wann kommen Sie nach Hause?«
»Wahrscheinlich in ein paar Tagen. Ich will hier raus.«
»Nun, das kann ich verstehen. Brauchen Sie etwas? Kümmert sich Margaret um die Katzen, oder brauchen Sie jemanden, der sie füttert?«
»Nein, Margaret hat ein Auge auf sie. Ich höre, Mykonos hat sich gestern als gesund erwiesen.«
»Ja, es geht ihm gut. Und er ist immer der vollkommene Gentleman – kein Aufhebens, kein Unsinn!«
»Ich hoffe nur, daß ich genauso gut wie er auf die Chemotherapie anspreche. Ich nehme ihn als Beispiel, um das alles durchzustehen.«
»Ihr beide habt eine Menge miteinander durchgemacht. Ich bin sicher, er wird seinen Teil erfüllen.«

Die Prüfungen am Hunter waren vorbei, und ich schrieb mich für das Frühlingssemester ein. Ich setzte meinen Chemiekurs fort, wollte aber mehr Biologie, weshalb ich mich für einen Kurs in Immunologie anmeldete. Der Unterricht begann im Februar.
Im Februar fand ich einen winzigen Knoten an Nataschas Milchdrüse. Ich untersuchte all meine Katzen routine-

mäßig. Mit ihnen umzugehen und zu spielen hatte sich irgendwie zu einer Möglichkeit entwickelt, in regelmäßigen Abständen nach Geschwüren, Lymphknotenvergrößerungen und, bei Sam und Frederick, nach Bißwunden zu suchen. Bei den beiden Weibchen suchte ich nach Anomalien der Milchdrüsen.

Natascha war zwölf Jahre alt. Ich hatte ihre Kinderzeit verpaßt, denn ich adoptierte sie, als sie zwei Jahre alt war. Meine engste Freundin hatte sie bei der Humane Society gefunden und sie als acht Wochen altes Kätzchen mitgenommen. Fast zwei Jahre lang hatte Carolyn versucht, ihre Katzenallergie zu ignorieren, und als sie beschloß, nach Kalifornien zurückzukehren, bat sie mich, mich um Natascha zu kümmern, während sie fort war.

Sie war eine schöne Schildpattkatze und eine hervorragende Mitbewohnerin. Zuerst war sie scheu und zurückhaltend, doch bald merkte sie, daß sie mir trauen konnte. Als Carolyn anrief und mir erzählte, daß sie in Kalifornien bleiben würde, fragte ich sie, ob ich Natascha behalten könnte. Sie stimmte zu.

Ich wartete ein paar Tage, nachdem ich den Knoten entdeckt hatte. Ich war geschockt und brauchte eine Weile, um mich zu überzeugen, daß es Wirklichkeit war. Nun, da ich ihn entdeckt hatte, war es jedoch schwer für mich, Natascha einfach zu streicheln, ohne nachzusehen, ob er noch da war und wie groß er war. Ich brachte sie in die Klinik, um sie untersuchen zu lassen. Er war nur zwei Millimeter groß. Wir wußten, daß die Größe keinen Bezug zur Bösartigkeit hatte, jedoch zur Prognose. Audrey und Dr. Greene untersuchten sie.

Dr. Greene war ein guter Chirurg, der jahrelang im Center

gearbeitet hatte. Er und Jay waren Freunde, und sie respektierten die Arbeit des jeweils anderen. Ich hatte genug Vertrauen, um Dr. Greene nach seiner Meinung zu fragen. Ich vertraute ihm meine Katze an.

»Ich denke, wir sollten eine Biopsie machen, nur um sicherzugehen«, sagte er.

»Ich denke, wir sollten eine radikale Mastektomie machen. Es ist wahrscheinlich bösartig, und auf diese Weise würde sie nur eine Narkose brauchen«, meinte Audrey.

»Aber es könnte auch gutartig sein«, wandte ich ein, »und das ist eine große Operation für ein gutartiges Geschwür.«

»Du weißt wie auch ich, daß es wahrscheinlich nicht gutartig ist«, erwiderte sie. »Ich glaube, wir hatten dieses Jahr schon unsere fünfzehn Prozent.«

»Laßt mich sie näher ansehen, wenn sie unter Narkose und geschoren ist, und dann können wir entscheiden. Wir können immer noch einen Gefrierschnitt hochschicken, obwohl die nicht so zuverlässig sind.«

Ich wartete vor dem OP-Bereich, während Dr. Greene die Radikalmastektomie vornahm.

Plötzlich begannen die Grenzen, die ich gezogen hatte, um Arbeit und Zuhause zu trennen, miteinander zu verschmelzen. Meine Routineuntersuchungen waren vorher für mich eine Beruhigung gewesen. Irgendwie erwartete ich nie, etwas zu finden. Doch als ich Natascha nun im Aufwachraum sah, veränderte sich das. Meine Katze hatte Krebs. Er hatte einen Weg in unseren Zufluchtsort gefunden.

Natascha erholte sich gut von der Narkose, und sobald sie wieder auf den Beinen war, versuchte sie ihre Nähte aufzubeißen. Das Halsband, das ich um ihren Hals legte, ärgerte sie mehr, denke ich, als die Operation selbst. Sie schrie, stolperte und fiel hin. Enttäuschung und Wut trieben meine stoische Katze dazu, sich zu beklagen, wie ich es vorher nie von ihr gehört hatte. Sie hatte Schmerzen und war verwirrt, aber ich konnte mit diesen Gefühlen umgehen und versuchen, es ihr bequemer zu machen. Denn sie lebte, und obwohl ich keine Garantie hatte, daß sie so und so viele Tage, Monate oder Jahre leben würde, wußte ich doch wenigstens, daß wir unser Bestes versuchten. Ich hatte für sie entschieden, daß ein Tag mit großer Unbequemlichkeit ein fairer Preis für eine bessere Prognose sei. Vielleicht nicht morgen, aber in ein paar Tagen würde alles wieder gut sein, und wir konnten weitermachen wie bisher. Die Erfahrung lehrte uns den gefährlichen und schnellen Verlauf, den Krebs der Milchdrüsen bei Katzen nehmen kann. Als ich ging, schlief sie auf ihrer Decke, erschöpft von ihrem Kampf mit dem Halsband. Diesen hatte sie verloren, denn ihre Nähte waren trocken und unversehrt. Und der andere Kampf, nun, bei dem anderen würde sie viele Kämpfer auf ihrer Seite haben.

Am Tag nach Nataschas Operation nahm ich sie mit nach Hause. Sie hatte immer noch ihre elisabethanische Halskrause, um sie davon abzuhalten, sich die lange Einschnittlinie zu lecken. Zur Begrüßung fauchte und schnüffelte meine liebevolle Katzenfamilie sie an. Das Halsband regte sie fast genauso auf, wie es sie außer Gefecht setzte. Nun, da sie Platz und Energie hatte, um zu laufen, bestand sie darauf, daß sie nur in eine Richtung gehen könne – rückwärts. Sie fraß zu Abend und schaffte es, das meiste Futter auf dem Halsband aufzubewahren. Wir waren alle betrübt. Ich nahm das Halsband ab und drohte, es wieder anzulegen, falls sie an ihre Nähte kam. Sie sprang aufs Bett, und wir sahen uns an, bis sie schnurrend einschlief. Nach zehn Tagen entfernte ich die Fäden. Sie war wunderbar verheilt.

Wir begannen mit Nataschas Immuntherapie, und ich gab ihr jede Woche eine Spritze. Wir zogen beide die Behandlung zu Hause vor, und ich suchte sie sorgfältig nach neuen Schwellungen ab. An meinem freien Tag behandelte ich sie früh am Morgen. Sie schlief den größten Teil des Tages und übergab sich ab und zu, doch am späten Nachmittag war sie bereit zum Abendessen.

Als Natascha ihr normales Leben wieder aufnahm, begann ich ruhiger mit unserem neuen Ablauf umzugehen. Ich untersuchte ihre Milchdrüsen nur, wenn ich sie behandelte, und akzeptierte ihre Aktivität und ihren Appetit als Zeichen des Wohlbefindens. Sie war meine Katze Nummer eins, etwas Besonderes aufgrund dessen, was sie war, nicht, was sie hatte. Ich konnte ihre Krankheit nicht vergessen, denn Ignorieren und Nachlässigkeit lagen nicht in ihrem Interesse. Genauso wenig aber waren dies Sorge und Übereifer. Ich half ihr, indem ich ihre Krankheit behandelte, und sie half mir, sie zu akzeptieren.

15. Kapitel

Mom kam im März für ein paar Tage nach New York. Sie liebte Katzen, war jedoch an einen Ein-Katzen-Haushalt gewöhnt. Ich lud sie zu uns ein und versicherte ihr gleichzeitig, daß ich es verstehen würde, wenn sie ein Hotel vorzöge. Sie hatte Daphne und Natascha schon kennengelernt, aber meine drei Männchen waren neu für sie.

Ich hatte ihr von Nataschas Operation und Therapie erzählt. Ich bin nicht sicher, was sie erwartete, doch jedenfalls war sie überrascht darüber, wie gesund und aktiv Tascha war. Daphne ergriff sofort die Gelegenheit, mehr Aufmerksamkeit zu gewinnen. Sie sprang aufs Bett, auf dem Mom saß, und stolzierte über ihren Schoß. Sie rieb sich an ihrem Arm und warf sich gegen Moms Bein.

»Sie erinnert sich an mich«, sagte Mom stolz.

»Bist du sicher, daß du dich an sie erinnerst?« fragte ich; ich wußte, was Daphne im Schilde führte.

»Natürlich«, antwortete sie und legte die Hand auf Daphnes pelzige Seite. Darauf hatte Daphne nur gewartet. Sie rollte sich herüber, packte Moms Hand mit ihren Vorderpfoten und stieß gleichzeitig mit ihren hasenähnlichen Hinterbeinen gegen ihr Handgelenk und ihren Arm.

Daphne kriegte Mom immer, und Mom kam immer wieder.

Am Montag machten wir Einkäufe bei Bloomingdale's. Als wir nach Hause kamen, öffneten wir unsere Pakete, und die Katzen probierten die neuen Kisten und Einkaufstüten aus. Ich schlief auf einer Luftmatratze im Wohnzimmer und Mom im Bett mit Frederick und Siggie. Sam war ein wenig schüchtern und schlief, als der Eisbär, der er war, auf dem riesigen weißen Eisberg in der Küche. Die Weibchen blieben bei mir.

Als Mom nach Buffalo zurückkehrte, kam ein neuer Gast auf einen ausgedehnten Besuch. Dieser Gast hatte vier Beine und war wuschelig und rostrot gestreift. Mein guter alter Kater Sam kam für zwei Monate wieder zu uns, während sein ständig herumreisender Besitzer in Europa war. Es war fast ein Jahr her, seit unser damals siebzehnjähriger Patient seine Diagnose gestellt bekommen hatte. Seine chronische Leukämie war in Remission, doch er brauchte immer noch täglich Medikamente. Er war nie mehr als zwei Wochen bei mir gewesen, und ich machte mir ein wenig Sorgen über seinen langen Besuch.

Sam fauchte meine Katzen einige Stunden lang an, als er ankam, doch sobald er sich auf dem Fensterbrett mit den wuchernden Grünpflanzen niedergelassen hatte, schien er sich wohler zu fühlen. Die Pflanzen blühten zwischen seinen Besuchen auf. Er begann sie zu stutzen.

Sein Besitzer rief jede Woche an, um sich nach Sams Befinden zu erkundigen. Er fraß gut, und die Blutprobe, die ich ins Krankenhaus mitgenommen hatte, bestätigte, daß er sich immer noch in Remission befand. Daphne beschattete Sam, lauerte hinter dem Vorhang, wenn er auf dem Fensterbrett fraß. Ich fütterte ihn viermal am Tag, und sie wußte, daß er immer ein, zwei Bissen auf dem Teller übrigließ. Sie erlaubte ihm, sein Mahl zu beenden, und erst wenn er von seinem Thron heruntersprang, drang sie in sein Territorium ein. Sam schlief tagsüber meistens, und meine anderen Katzen setzten ihren üblichen Tagesablauf fort und ließen sich von seiner Anwesenheit nicht stören.

Nach vier Wochen fraß Sam nicht mehr. Eine Veränderung in den täglichen Gewohnheiten erfordert immer erhöhte Aufmerksamkeit, doch bei einer siebzehneinhalbjährigen Katze ist dies ein Alarmzeichen.

Sam übergab sich nicht, weshalb ich ihn mit Babyfutter und Hühnerbrühe zwangsernährte. Er hatte starken Durchfall, und es war schwierig für ihn, selber genug Wasser zu trinken, um nicht auszutrocknen. Dies konnte seine Nieren beeinträchtigen. Neun Tage lang zwang ich ihm Futter auf, behandelte ihn mit Antibiotika und spritzte ihm Tropfen unter die Haut. Sein Zustand schien sich zu bessern, und er haßte nur die subkutanen Tropfen. Die Brühe und das Babyfutter genoß er. Schließlich, am Ende der zweiten Woche, erschien er in der Küche, als ich gerade den Rest der Familie fütterte. Er fraß nun allein.

Sobald er wieder angefangen hatte zu fressen, erholte er sich schnell. Wir kehrten zur Normalität zurück. Die Episode brachte uns einander näher, und Sam forderte jetzt mehr von meiner Zeit. Er suchte nun nicht mehr nach medizinischer Aufmerksamkeit, sondern nach Zuneigung.

Unsere Beziehung veränderte sich, und er wurde mehr als ein Gast. Sam hatte einen ungeheuren Lebenswillen. Vorher hatte ich ihn geachtet, jetzt liebte ich ihn.
Ende April kehrte Sam nach Hause zurück. Keiner in der Wohnung schien ihn zu vermissen. Keiner außer mir.

Das Frühlingssemester ging zur Neige, und ich war bestrebt, meine Kurse zu beenden. Als es wärmer wurde und die Tage länger, wurde es für mich immer schwerer, die Vorlesungen und das Lernen durchzuhalten.
Manchmal kaufte ich an diesen Spätfrühlingsnachmittagen, wenn ich von der Arbeit heimkam, und vor allem im Mai, wenn ich von der Schule zurückkehrte, einen Strauß Flieder. Ich stellte ihn in eine Vase im vorderen Zimmer und setzte mich in meinen Sessel, um Musik zu hören. Langsam, während der Duft durchs Zimmer zog, schloß ich die Augen und kehrte zu einer Erinnerung zurück, die nicht mal meine war. Er kaufte ihr Flieder. Er füllte die Zimmer damit. Mom kam von der Arbeit nach Hause und trat in einen lavendelfarbenen und weißen Blumengarten, und der Duft erfüllte alle Zimmer. Dieses Stück Erinnerung, das in der Vergangenheit meiner Mutter begraben lag, wächst nun in meinem Leben weiter.
Natascha rief nach mir, als wollte sie sagen: Jetzt ist eine andere Zeit. Wir sind jetzt hier. Wir sind deine Gegenwart. Ich streichelte ihre Brust und ihren Bauch, wo ihr Fell nachgewachsen war und die Spuren der Operation verdeckte. Ich dachte nur noch an sie.
Als ich damals nach New York gezogen war, war ich gespannt und aufgeregt, in der großen Stadt zu leben. Ich wohnte in verschiedenen Gegenden, lebte mit Wohnungs-

genossen zusammen und in untervermieteten Wohnungen. Als ich schließlich meine eigene Wohnung hatte, wählte ich die Gegend, in der ich immer noch bin. Die Schule und meinen Arbeitsplatz erreiche ich zu Fuß. Ich kann die Straßen entlangspazieren und stehenbleiben, um mit den Ladenbesitzern zu plaudern, und ich kann vertrauten Gesichtern zuwinken. Ich weiß, in welcher Erdgeschoßwohnung Katzen leben, und ich besuche die örtlichen Einrichtungen, die welche halten.

Die große Stadt ist für mich eine Stadt voll von kleinen Gegenden wie meiner geworden. Ich bin vielleicht eine der wenigen Mieterinnen in New York, die ihren Vermieter für wundervoll halten. Daß ich Katzen habe, weiß er. Er sieht dies als eine Schwäche an, ja sogar als einen Fehler, doch er akzeptiert uns.

An dem Sonntag nach meiner letzten Prüfung kam ich am Lebensmittelladen vorbei, als der Besitzer heraus auf die Straße lief.

»Wir haben Sie gesucht«, sagte er und zog mich vom Bürgersteig weg. »Wir brauchen Ihre Hilfe.«

Einer ihrer Läden, der sechs Blocks weiter lag, hatte geschlossen. Die Gebäude in dem ganzen Block sollten am nächsten Morgen abgerissen werden. Sie hatten Ware und Einrichtungsgegenstände aus dem Geschäft geräumt. In den letzten fünf Tagen waren Umzugsleute hinein- und herausgelaufen. Wände waren mit Vorschlaghämmern und summenden Sägen niedergerissen worden. Mitten in dem ganzen Chaos saß die Ladenkatze. Der Kater war nun so verschreckt, daß er sich nur noch vom Ladenbesitzer füttern ließ. Er konnte ihn streicheln, doch der Kater geriet in Panik, wenn man ihn hochheben wollte. Morgen sollte

das Gebäude abgerissen werden. Unsere Mission: die Katze zu retten.
Ich betrat den Laden und sah tausend Plätze, an denen sich eine Katze verstecken konnte. Es gab einen Raum mit einer Tür. Wir schlossen die Fenster in allen Zimmern trotz der Hitze, der Fliegen und des Geruchs. Ich hatte eine Decke, ein Seil, eine Leine und einen Tragekorb. Hinter der Tür stehend wartete ich darauf, daß die anderen Mitglieder der Mannschaft die Katze ins Zimmer trieben. Ich wartete eine Stunde lang.
Als die Katze auftauchte, schloß ich die Tür und wußte, wie gefangen sie sich fühlen mußte. Ich folgte dem Kater eine weitere halbe Stunde, bis es mir gelang, das Seil um seinen Hals zu schlingen. Er zog und zerrte, kämpfte gegen die Falle an und biß in das Seil. Ich sprach leise mit ihm, versuchte ihm zu verstehen zu geben, daß ich ihm nichts Böses wollte. Seine Angst ließ mich zittern. Ich wollte ihn streicheln, ihn beruhigen, doch er kämpfte darum, dem zu entkommen, was er für seinen Feind hielt. Ich hatte keine andere Wahl. Ich konnte ihn nicht hier lassen, auf daß er von einem herabstürzenden Gebäude begraben würde.
Der Geschäftsführer kam herein, und ich bat ihn um die Decke. Ich wickelte den Kater darin ein und befestigte die Leine an seinem Halsband. Der Geschäftsführer öffnete den Korb, und ich hob den Kater hinein; dann lockerte ich das Seil, während er darin landete. Nachdem das Seil gelöst war, schlossen wir den Deckel.
Die Katze wurde in den Laden in meiner Nähe gebracht, und ich ging nach Hause, um meine Kleider und mich zu reinigen, denn beides war von Staub und Schmutz be-

deckt. Meine Hände zitterten immer noch. Die Katze wahrscheinlich auch.

Anfang Juni wurde eine hübsche bunte Katze auf der Station eingeliefert. Sie war ausgetrocknet, fraß nicht und hatte Fieber. Audrey befürchtete einen infizierten Uterus und bestätigte ihre Diagnose durch Röntgen- und Blutbilder. Während die Katze Tropfen und Antibiotika bekam, rief Audrey ihren Besitzer an, um sich die Erlaubnis für eine Operation zu holen. Er war neu bei uns und ließ Audrey wissen, daß er über den Eingriff nachdenken wolle.

Wir waren beide verärgert über diese Haltung. Es gab absolut nichts nachzudenken. Seine Katze hatte keinen Krebs. Sie hatte eine Krankheit, die durch die operative Entfernung ihres Uterus behandelt und geheilt werden konnte. Sie war neun Jahre alt und besaß jede Chance, mindestens noch einmal neun Jahre zu leben. Der Besitzer rief zurück und ordnete an, die Katze einzuschläfern. Er wollte keine andere Alternative in Erwägung ziehen. Dem Gesetz nach war es seine Katze, und er mußte entscheiden.

Ich brachte den Körper hinunter in unsere Leichenhalle. Wie konnte der Besitzer diese sanfte Katze nach neun Jahren so verraten? Ich vermochte nicht zu begreifen, wie wenig Wert er ihrem Leben beimaß.

Als ich in den achten Stock zurückkam, verließ ich den Lift und sah meinen alten Freund Stripes in seinem Korb sitzen. Mrs. Firpo winkte mich herbei, und ich erkannte, daß sie geweint hatte.

»Sam, schauen Sie ihn an. Ganz plötzlich schwoll er gestern an, genauso wie meine andere Katze. Ich habe so Angst, er könnte FIP haben.«

Mrs. Firpo hatte bereits mehrere Katzen durch Krankheiten, die mit dem Katzenleukämievirus in Verbindung standen, und durch FIP verloren. FIP, infektiöse Bauchfellentzündung bei Katzen, ist eine der verheerendsten Katzenkrankheiten, die wir kennen. Bei einer Form der Krankheit sammelt sich proteinreiche Flüssigkeit in den Körperhöhlen an, in der Brust oder, häufiger, im Unterbauch. Die Katzen nehmen ab und fangen an gehetzt auszusehen. Fast immer sterben sie. Ich berührte ihre Hand, als sie aufgerufen wurde. »Ich komme in ein paar Minuten.«

Als ich den Raum betrat, sagte Audrey ihr gerade, was Mrs. Firpo schon vorausgeahnt hatte.

»Ich glaube, es ist FIP, aber wir entnehmen eine Flüssigkeitsprobe, um sie im Labor untersuchen zu lassen.«

»Und wenn es das ist«, unterbrach sie, »was dann?«

»Nun, ich kann nicht optimistisch sein. Schließlich haben Sie diese Krankheit ja schon bei Ihren anderen Katzen mitgemacht. Doch wir wollen zuerst sichergehen, daß wir es hiermit zu tun haben. Frißt er noch?«

»Ein bißchen, aber nicht zu vergleichen mit seinem alten Appetit. Ich kann ihm Futter bringen.«

»Oh, ist schon gut«, beruhigte ich sie. »Wir haben eine ganze Menge.«

»Nun, vielleicht mache ich ihm dann etwas Hühnchen.«

»Ja, das ist etwas anderes. Ich koche nicht – wir werden hier voll versorgt.«

Sie lächelte, und Audrey und ich erledigten den Papierkram, um ihn ins Krankenhaus einzuweisen.

»Kann ich ihn besuchen?« fragte sie.
»Natürlich«, antwortete ich. »Aber zuerst vergewissern wir uns, was er hat und wie lange er bleiben muß.«
Ich trug Stripes auf die Station. Er hatte schon eine tödliche Krankheit überwunden. Wie standen seine Chancen, diese zweite Krankheit zu überleben? Mit dem Kopf wußten wir, daß wir alles Menschenmögliche taten, doch dieses Wissen bot wenig Trost angesichts der überwältigenden Wahrscheinlichkeit, daß er sterben würde. Mrs. Firpo hatte andere Katzen; Stripes gehörte nicht mal mir, doch er war für uns beide etwas Besonderes.
Audrey kam auf die Station, als ich Stripes gerade fütterte. »Wie geht's ihm?« fragte sie. Sie hatte Medikamente verschrieben, um die Flüssigkeit in seinem Bauch zu verringern.
Da er nicht normal fraß und trank, bekam er ebenfalls intravenös Flüssigkeit.
»Er wünscht Aufmerksamkeit und scheint am Futter interessiert zu sein, doch er frißt nicht gut. Was machen wir jetzt?«
»Nun, ich habe darüber nachgedacht. Wir könnten die konventionelle Therapie probieren.«
»Obwohl unsere Ergebnisse mager waren«, vervollständigte ich ihren Gedanken. Doch in ihrer Stimme schwang eine Alternative mit. »Oder?« drängte ich sie.
»Oder was hältst du davon, ein anderes Medikament auszuprobieren? Ich möchte etwas Neues versuchen und ihn dann heimschicken.«
»Wir haben nichts zu verlieren, oder?«
»Nein, die Chancen stehen mal wieder gegen ihn. Laß es uns versuchen.«

Wir behandelten ihn. Mrs. Firpo holte ihn an diesem Abend ab. Sie war sich der unsicheren Prognose bewußt, war jedoch nicht bereit, aufzugeben. Wenn sie sich zum Einschläfern entschlossen hätte, was sich auf ihre und unsere Erfahrung gegründet hätte, hätte sie nicht falsch gelegen. Doch sie wollte ihn unbedingt wieder zu Hause haben, auch wenn er fast genauso aussah wie zu dem Zeitpunkt, als sie ihn zu uns gebracht hatte.

Wenn ich manchmal zum Fenster hinausschaue, treiben meine Erinnerungen auf einer Wolke vorbei und nehmen meine Aufmerksamkeit mit sich, während sie über den Himmel wandern. Ich sehe eine fette weißgetigerte Katze, die sich an meinem Vater reibt, während er in der Küche hantiert. Dosen mit altem Futter liegen im Spülbecken, und Mitchie will sein Katzenfutter nicht fressen, weil Dad sagt, daß Mitchie sagt, es sei der Tag für Hühnerleber. Und auch dies ist wirklich, obwohl die Erinnerung die Bilder schützt und sie als ein Füllhorn der besten Aspekte darstellt. Ich höre Mitchie schnurren, und dann berührt meine Hand eine weiche Katze, und ich erschrecke, als ich entdecke, daß Evelyn laut auf meinem Schoß schnurrt.

»Ist Evelyn trächtig?« fragte Mrs. Firpo bei ihrem nächsten Besuch, als sie sie durch den Raum schwanken sah.

»Nein, sie hat nur ihre Mädchenfigur verloren«, erklärte ich. »Ich habe wunderbare Berichte über seine Fortschritte gehört«, sagte ich dann und blickte hinunter zu Stripes. Er war seit einer Woche zu Hause.

»Ich glaube, die Flüssigkeit ist weg, und sein Appetit ist besser denn je«, meinte sie. »Ich kann die Veränderung an ihm gar nicht glauben. Er folgt mir überallhin und bettelt um Futter.«

Ich lächelte und dachte an die Gewohnheiten, die eine Abwesenheit fördert. Für diese Normalität kämpfen wir, zusammen mit klinischen Verbesserungen. Doch es ist die Haltung, und bei Stripes die Haltung dem Futter gegenüber, die uns zeigt, daß er auf dem Wege der Besserung ist. Wenn ein krankes Tier anfängt, Freude auf seine alte Art zu zeigen, wieder in der Badewanne zu sitzen, wieder mit seinem Hasenfuß zu spielen oder wieder an der Rinde einer Pflanze zu kratzen, ist es, als ob es nur kurze Zeit weg gewesen wäre und nun wieder zu Hause ist. Wir fürchten uns, danach zu fragen, wie lange, weil Fragen einen Weggang beschleunigen könnte, und wir akzeptieren schweigend die Gegenwart.

Wir waren erstaunt, erfreut und voller Respekt vor Stripes' wunderbarer Genesung. Seine Flüssigkeit war verschwunden, und er war wieder hungrig und arrogant. Wir wußten nicht, wie lange diese Besserung dauern würde; er konnte jederzeit einen Rückfall erleiden. Wir beschlossen, ihn wöchentlich zu untersuchen und mit der Behandlung fortzufahren.

Ich nahm das Sommerschulverzeichnis vom Hunter und suchte für die sechs Wochen nach einem weiteren Biologiekurs. Als einziges wurden in dieser Abteilung Kurse angeboten, die ich schon absolviert hatte. Ich blätterte die Seiten des Verzeichnisses von Biologie zu Englisch um und sah, daß ein Kurs über Virginia Woolfs Werk angeboten wurde – und schrieb mich ein.

Ich weiß nicht, ob ich mit Absicht meine Liebe zur Literatur mißachtet oder ob ich sie so gründlich in der Vergangenheit vergraben hatte, daß ich sie vergessen hatte. Ich hatte mich der Wissenschaft zugewandt, als die Literatur in meinem Arbeitsleben nicht mehr wichtig schien. Englisch hatte mich augenscheinlich isoliert, als ich das Bedürfnis gehabt hatte, dazuzugehören. Ich mußte ein integraler Bestandteil der Station werden, und die Erfüllung dieses Bedürfnisses hatte ich mit einem Abschluß in Naturwissenschaften in Verbindung gebracht. Doch plötzlich tauchte ein anderes Bedürfnis auf. Das Bedürfnis selbst war, wie ich annehme, die ganze Zeit dagewesen, und nur meine Wiederentdeckung war plötzlich. Ich erinnerte mich an das Gleichgewicht, das ich in meinem Leben gesucht hatte, und sah nun, daß ich beide Extreme getrennt voneinander verfolgt hatte. Ich mußte selbst entdecken, wie ich mich in bezug auf mein Leben und die anderen Leben fühlte, die so eng mit meinem verwoben waren.

Ich mochte mich nicht ganz einem Plan verpflichten, der mein Leben strukturierte und kontrollierte und jeden Aspekt beherrschte. Statt dessen wollte ich meine Kenntnisse in speziellen Bereichen entwickeln, so daß ich meine Arbeit besser verstehen könnte. Doch ich strebte in meinem Leben nach mehr als Arbeit. Ich wollte und brauchte die Aufregung der Literatur. Ich hatte mich vorher isoliert gefühlt; nun spürte ich, daß die Literatur mir die Freiheit und die Gelegenheit bot, das Leben anderer auf andere Weise zu berühren.

Ich genoß die Lektürestunden. Der Unterricht fand an vier Abenden in der Woche zwei Stunden lang statt, und ich tauchte schamlos in die Literatur ein. Als der Kurs zu Ende war, wollte ich einfach nicht aufhören. Ich war begierig zu lesen und vor allem begierig, meine eigenen Bücher wieder zu lesen. Ich wollte sehen, ob ich nun anders las, ob meine Wahrnehmung sich verändert hatte. Ich beschloß, das Herbstsemester freizunehmen, um meinen literarischen Bedürfnissen nachzugeben und mit meinen Gefühlen, was die Zukunft anging, klarzukommen.

Am Labor-Day-Wochenende gab es nur wenige Anmeldungen für unsere Sprechstunde. Die meisten Besitzer unserer Patienten hatten es geschafft, am Donnerstag zu kommen oder den Termin auf den nächsten Donnerstag zu legen, so daß sie während der drei freien Tage wegfahren konnten.

Ich erkannte Monicas Freundin Margaret mit Mykonos im Wartezimmer.

»Geht es Monica gut?« fragte ich. Ich war erschrocken, weil Monica beim letzten Mal, als sie hiergewesen war, erwähnt hatte, wie krank sie die Chemotherapie machte. Monica hatte Mykonos angesehen, gelächelt und leise gesagt: »Aber schauen Sie nur, wie gut er sich erholt hat.«

Monica wurde ins Krankenhaus eingewiesen wegen der Sepsis, die mit ihrer Behandlung einherging. Die Medikamente hatten unterschiedslos sowohl die Krebs- als auch die gesunden Zellen getötet, und dazu gehörten auch die Zellen, die Infektionen bekämpften.

»Sie ist wirklich wütend auf ihren Arzt«, berichtete Margaret. »Ihre ersten Worte, als sie aus der Isolierstation heraus war, waren: ›Dieser Bastard hat mich fast umgebracht!‹ Er weigerte sich, sie zu sehen, als sie über Übelkeit klagte. Er hatte das Gefühl, dies sei eine normale Reaktion.«

»Wie erholt sie sich?« fragte ich.

»Sie ist, wie Sie wissen, eine Kämpferin. Es scheint ihr besserzugehen.«

»Wird sie bald nach Hause kommen?«

»Ja, ich glaube. Sie vermißt ihre Katzen.«

Die Smiths brachten Oliver am Samstag des Labor-Day-Wochenendes zu uns. Die Krankheit hatte sich bis in sein zentrales Nervensystem ausgebreitet. Er ging langsam und mühsam. Den ganzen Sommer hatte er in Maine verbracht und war dort von einem Tierarzt behandelt worden.

»Er hatte so einen wunderbaren Sommer«, erzählte uns Mrs. Smith. »Wir gingen am Strand entlang, und manchmal verließ er mich, um mit seiner Möwe zu spielen. Doch abends saß er neben mir auf der Veranda, lauschte und schaukelte.«

»Nicht viele Katzen haben ihre eigene Möwe.« Ich lächelte.

»Aber sie ist es«, beharrte sie, weil sie dachte, ich zweifelte es an. »Er kommt jedes Jahr, und die beiden jagen sich hin und her. Dann wird Oliver müde und wandert hinaus zu seinem Felsen, um sich zu sonnen. Er regt sich so auf, wenn die Flut kommt und er dann nicht zurück zum Strand kann.«

Wir lachten in Erinnerung an diesen Oliver, der vielleicht in Maine geblieben war. Für den schönen gestreiften Tiger auf dem Tisch schienen die Tage zu lang zu werden. Es war nicht leicht, dieses Leben loszulassen, in dem er so viel Freude mit uns allen geteilt hatte. Er hatte uns fast fünf glückliche Jahre geschenkt. Wir hatten seine Krankheit fast zwei Jahre lang behandelt. Doch Olivers Freude lag in der Vergangenheit. Die Gegenwart brachte nur Schmerz mit sich.

Ich hielt ihn, wie ich vor Jahren Clancy gehalten hatte, und sah, wie die Tigerstreifen vor meinen Tränen verschwammen. Wir alle weinten um Oliver, um Clancy und um die Möwe in Maine, die ihren Sommerfreund verloren hatte. Der Sommer war vorüber.

16. Kapitel

Die Sprechstunde ging gerade zu Ende, als das Telefon klingelte. Es war ein geschäftiger und befriedigender Tag gewesen. Eine mir nicht vertraute Stimme sagte meinen Namen.

»Ja, hier ist Samantha«, antwortete ich.

»Ich bin Margaret Hooper, Monicas Freundin.«

»O ja, natürlich«, erwiderte ich. »Gibt es ein Problem mit einer der Katzen?«

»Nein, nein, das ist es nicht. Ich rufe wegen Monica an, um Ihnen zu sagen, daß sie vor ungefähr einer Stunde gestorben ist.«

Ich hörte Margaret, wie sie mir erzählte, was passiert war. Monica hatte in ihrem abwehrgeschwächten Zustand eine Lungenentzündung bekommen. Obwohl es ihr besserzugehen schien, war sie am Freitag ins Krankenhaus gekommen und heute morgen gestorben.

»Wie können wir helfen?« fragte ich nach einer langen Pause.

»Nun, ich warte jetzt darauf, daß ihre Familie kommt, und dann gehen wir in ihre Wohnung. Ich nehme an, wir werden die Katzen einschläfern lassen müssen.«

»O nein«, unterbrach ich sie, »die Katzen waren so wichtig

für Monica. Bitte, lassen Sie uns sie nehmen. Schließlich haben wir ihr Sadie gegeben.«

»Ja, das stimmt. Und sie hat so darum gekämpft, Mykonos am Leben zu halten.«

»Ich glaube, das sind wir ihr schuldig. Wir werden die Katzen nehmen.«

Wir kamen überein, am nächsten Tag noch einmal zu reden, und in der Zwischenzeit würde sie die Katzen füttern, wie geplant.

Mrs. Smith hatte auch angerufen und mir eine Nachricht hinterlassen. Seit Olivers Tod waren mehrere Wochen vergangen.

»Hallo, Mrs. Smith, hier ist Samantha. Ich habe gehört, Sie haben angerufen.«

»Ja, meine Liebe, ich wollte Sie fragen, ob Sie in unser Haus in Maine kommen möchten. Ich war letzte Woche da, und es ist noch schönes Wetter. Ich weiß, wie sehr es Ihnen dort gefällt.«

»Sie rufen tatsächlich zur rechten Zeit an«, erwiderte ich. »Ich habe gerade gedacht, wie schön es wäre, für ein paar Tage wegzufahren. Würde es Ihnen wirklich nichts ausmachen?«

»Natürlich nicht. Ich wollte es Ihnen schon letztes Mal anbieten, aber da waren wir alle so durcheinander. Wissen Sie, ich habe diesmal nach Olivers Möwe gesucht, um es ihr zu erzählen, aber sie war nicht da. Ist das nicht seltsam?«

»Nun, ich frage mich, ob sie es nicht schon weiß.«

»Meinen Sie wirklich?« sagte sie und glaubte es selbst.

»Ja, ich denke, sie weiß es.«

Nach ein paar Tagen rief ich Margaret an. Sie wohnte in

Monicas Wohnung und half der Familie, Monicas Habseligkeiten durchzugehen.

»Wie fühlen Sie sich?« fragte ich.

»Nun, es war so viel zu tun, daß ich nicht viel Zeit zum Nachdenken hatte«, antwortete sie.

»Hatten Sie Zeit für sich selbst?«

»Ja, ich habe etwas Zeit allein verbracht und dann mit einigen unserer Freunde. Wir haben zusammen geweint und uns erinnert.«

»Und wie geht es den Katzen?«

»Wissen Sie, es ist ganz seltsam – Mykonos und ich haben uns nie besonders gemocht. Ich glaube, er hat mir nie verziehen, daß ich Monica riet, ihn einschläfern zu lassen, als er so krank war. Doch als ich am Samstag nach ihrem Tod aus dem Krankenhaus herkam, sprang er zu mir auf die Couch. Er miaute dauernd und stieß mich mit seinem Gesicht an. Ich glaube wirklich, er hat es gewußt.«

»Er stand Monica sehr nahe. Wie wirken die Katzen jetzt? Fressen sie beide?«

»Ja, es scheint ihnen gutzugehen, solange jemand in der Wohnung ist. Ich werde noch eine Woche oder zehn Tage bleiben, und dann mache ich wahrscheinlich Urlaub.«

»Ja, ich kann mir vorstellen, daß Sie erschöpft sind. Wollen Sie, daß wir sie jetzt nehmen?«

»Nein, ich glaube, sie fühlen sich wohl hier. Ich meine, sie sind an die Wohnung gewöhnt, und solange ich hier bin, werden sie nicht einsam sein.«

»Nun, das ist wunderbar. Ich habe daran gedacht, mir jetzt ein paar Tage freizunehmen, aber ich werde zurück sein, wenn Sie weg wollen. Dann werde ich die Katzen herholen.«

Sie war eine gute Freundin, und wir spürten beide, daß Monica erleichtert gewesen wäre, was die Katzen und deren Zukunft anging.
Ich fragte Linda, ob sie meine Katzen füttern könne, während ich in Maine war. Sie sagte mit Freuden zu.
»Im Moment scheint alles unter Kontrolle zu sein«, berichtete ich ihr. »Natascha bekommt dieses Wochenende ihre Behandlung, die ich machen werde. Es sollte ihr gutgehen, wenn ich weg bin. Noch etwas. Wirf nicht die Q-Tips auf den Boden. Sam trägt sie herum, und er will sie dort haben, wo er sie hingelegt hat.«
»Nimmst du jemanden mit?« fragte sie.
»Nein, es ist eine lange Strecke mit dem Bus«, antwortete ich. »Diesmal, glaube ich, fahre ich allein.«

Es war, als ob die Sonne endlich an einem bewölkten Himmel erschienen wäre. Da ich wußte, daß weitere Wolken warteten, wollte ich im intensiven Licht des Tages hinter die hohen Gebäude sehen, die meine Sicht behinderten. Ich wollte Zeit für meine Erinnerungen, Zeit, um wieder mit den Gefühlen in Berührung zu kommen, die von unmittelbareren Bedürfnissen überschattet gewesen waren. Alleine fahren? O nein. Nein, ich nahm mit mir all die Namen und Gesichter, all die Geschichten und Ereignisse, die mein Leben geformt hatten.
Das Leben besteht in all seinen Formen darauf, daß die Grenze unter die Leidensfähigkeit eines Menschen gezogen werden muß. Um all das abzuhalten, was in das tiefste Innere eindringt, muß man sagen: Hier ist die Grenze. Dies ist das Äußerste. Darüber hinaus kann ich nicht gehen.
Meine Tage waren voller Herausforderungen und Beloh-

nungen gewesen. Manche der Katzen, denen ich begegnet war, als ich begonnen hatte, in der Onkologie zu arbeiten, waren Erinnerungen geworden, doch jede war eine Erinnerung, die ich mir liebevoll ins Bewußtsein rief, wenn ich einen neuen Patienten traf. Einige der ersten Katzen waren noch am Leben, und es ging ihnen gut. Ich hatte in jenen Jahren viel von unseren Patienten gelernt. Ich hatte die Individualität jeder einzelnen Katze entdeckt, was ihre Persönlichkeit und was die Krankheit und die Reaktion auf die Behandlung anging. Ich hatte die Bedeutung eines qualitätsvollen Lebens gelernt und die kummervolle Würde des Todes. Wir lernten in unserer Abteilung immer noch, und unsere Patienten profitierten von unserem Wachstum und unserer Erfahrung.

Ich war nicht weggefahren, seit Fledermaus gestorben war. In jenen Tagen, die mich vor Sorge niederzudrücken schienen, dachte ich, daß ich meine Grenze erreicht hätte. Und dann, als ich langsam durch das Wartezimmer schritt, sah ich die nervösen Bewegungen einer Frau, die mit ihrer Katze dort wartete. Sie war das erstemal hier, und für sie war diese Katze in ihrem Tragekorb, diese Katze, die wir noch nicht kannten, die hübscheste, die schlauste und die beste Katze auf der Welt. Und ich wußte, sie hatte recht. Der Kater war noch kein Teil meines Lebens, als ich stehenblieb, lächelte und fragte: »Wie heißt er denn?«

Ich hatte mit unseren Patienten intensiv und emotional gelebt, und nun war ich voll. Ich mußte meine Erinnerungen sortieren, sie in Ordnung bringen und Platz für neue machen. Und deshalb stieg ich an einem Abend Anfang Oktober in den Bus, der mich in Oliver Cromwells Heim nach Maine bringen sollte.

Als ich auf der Veranda über der Bucht saß, dachte ich an Mrs. Smith und wie sie und Oliver schauten und lauschten, während die Erde seufzte. Ich blickte hinaus aufs Meer und nichts störte das Heranschlagen der Wellen. Eine nach der anderen stiegen sie zu mir auf, jede einzeln, jede anders. Sie verschmolzen miteinander, trennten sich dann, und immer wieder kamen sie.

Ich dachte an Monica und wie sie im Wartezimmer gesessen hatte und Schmuck für Sadie und Mykonos ausgesucht hatte, den sie an unseren Weihnachtsbaum hängen wollte. Ich dachte an ihre Wohnung und an die schönen Dinge, die sie im Lauf der Jahre erworben hatte. Jedes bedeutete zweifellos für sie etwas Besonderes, jedes erinnerte an eine Zeit, einen Ort, einen Menschen. Aber sie waren nur Dinge. Monica schätzte das Leben hoch, das Wunder eines jeden Morgens. Sadie und Mykonos waren das, was von ihr blieb. In ihrem Leben war viel deren Wohlbefinden gewidmet worden. Viele Entscheidungen zu ihren Lebzeiten hatten sich um ihr Wohlsein gedreht. Nun blieb nur noch die Erinnerung an diese freundliche Frau. Die Erinnerung und Sadie und Mykonos. Sie waren ihre beste lebende Erinnerung.

Lassen wir alle diese Leben voller Liebe hinter uns? Diese Tage, Tage, denen wir Qualität verliehen haben, Qualität, die gelernt und an andere weitergegeben wird. Monicas Qualität, Dads, Clancys und Maus'. Wir alle nehmen eine Zeitlang daran teil, und die Erde dreht sich weiter, wenn wir aufhören. Hat sie sich verändert, weil wir hier waren? Ist sie besser, anders? Oder verändern wir uns?

Die Wellen, der Wind, meine Vergangenheit, diese Gegenwart – dieser Augenblick der Verwirrung, des Verschwimmens der Grenzen, der Linien, die mein Leben von anderen trennen – führen nun zu einer Zeit, die nicht mehr aufgewühlt ist, sondern ruhig und friedvoll. Hier, am Rande der Welt, hier, auf der Schwelle zur Ewigkeit, hier ist es für einen Augenblick lang genug.

Die Möwen schreien in der Ferne, und ich folge einer einzelnen Möwe, die auf den Wellen reitet, die ich liebe, wenn sie den steinigen Strand heraufkriechen. Ich weiß, es ist nicht Oliver Cromwells Freund. Er ist nicht da, und sein Felsen leuchtet dort in der Sonne. Ich werde nie sehen, wie die Wellen ihn mit ihrem Streicheln abtragen, die Wellen, die ich nicht ändern kann. Er ist nicht da. So viele Freunde sind gegangen. Sie bezeichnen die Jahre, die vergehen, und verleihen den Tagen ihre Qualität.

Ich entdecke sie immer aufs neue in jeder schwarzen Katze, die ich sehe. Sie ist da in meinen Freuden und tiefsten Sorgen, und sie spiegelt sich in den Augen desjenigen, der seine Katze liebt. Und manchmal, wenn ein grauer Schatten auf einen Herbsttag fällt oder wenn die Luft Regen verspricht, manchmal fühle ich dann ihre Nähe. In diesem Augenblick sind Erinnerungen und Sinne in Einklang, die Erinnerungen verschmelzen, und die Zeit hat keine Bedeutung. Der Wind umspielt mich, lädt mich ein, ein Geheimnis zu teilen, irgendwo außerhalb der Zeit. Diese junge, frühreife Brise, die nur ein Flüstern war, als wir uns vorher begegneten, hat sich zu einem kräftigen Winterwind entwickelt. Sie ist bei mir, so wirklich wie der Schnee, der sich mit den Tränen auf meinem Gesicht vermischt. Und nur wenn ich versuche, sie zu berühren, sie noch ein wenig verweilen zu lassen, stirbt sie wieder aufs neue. Eine Schneeflocke in meiner Hand ist sie und wie der Bruchteil einer Melodie, die ich vor mich hin summe, ohne es zu merken. Flüchtig und fliehend, ein Lied ohne Worte, ein Lied ohne Ende.

Während anderswo, als ich nun erneut auf Wiedersehen sage, als Schatten meines Schattens vor mir entlangziehen, eine Katze aufs Fensterbrett springt, um die Morgensonne zu begrüßen. Die schwarze Katze streckt sich und schnurrt, in Einklang mit der Welt.